心理学与职场语言

"心理学与脑力思维"编写组 编著

中国纺织出版社有限公司

内 容 提 要

身处职场,我们每个人都要和同事、领导打交道,免不了要说话、交谈。说什么、怎么说,什么话能说、什么话不能说,都应"讲究"。在职场上"说话"也是一种艺术。在职场说话,我们需要学会运用一些心理策略,通过说话来影响对方,这将成为我们在工作中得心应手的武器。

本书是一本为职场人士量身打造的语言攻略,它从心理学的角度出发,结合丰富的职场语言案例,告诉我们如何直指人心地说话,进而帮助我们获得同事支持、上司信任,让我们获得驰骋职场的砝码,让升职加薪不再成为困扰我们的难题。

图书在版编目（CIP）数据

心理学与职场语言／"心理学与脑力思维"编写组编著.--北京：中国纺织出版社有限公司，2024.12
ISBN 978-7-5229-1646-0

Ⅰ.①心⋯ Ⅱ.①心⋯ Ⅲ.①职业—应用心理学 Ⅳ.①C913.2

中国国家版本馆CIP数据核字（2024）第070019号

责任编辑：王　慧　　　责任校对：王蕙莹
责任印制：储志伟　　　责任设计：晏子茹

中国纺织出版社有限公司出版发行
地址：北京市朝阳区百子湾东里A407号楼　邮政编码：100124
销售电话：010—67004422　传真：010—87155801
http://www.c-textilep.com
中国纺织出版社天猫旗舰店
官方微博 http://weibo.com/2119887771
天津千鹤文化传播有限公司印刷　各地新华书店经销
2024年12月第1版第1次印刷
开本：880×1230　1/32　印张：7.5
字数：108千字　定价：49.80元

凡购本书，如有缺页、倒页、脱页，由本社图书营销中心调换

前言
PREFACE

作为一名职场人士，不知道你的身边是否有这样一些人：他们总是能工作顺利、事事顺心，平日里工作有同事帮忙和协助，工作出现问题时有领导帮忙摆平，提出的建议总能被领导接受，倍受领导青睐。自然，升职加薪都会频繁"花落他家"。其实，他们并不是有什么通天的本事，他们只是掌握了驰骋职场的砝码——会说话。相反，也有这样一些人，他们因为不善于说话，总是无形中得罪同事、惹恼上司，甚至被人背地里"穿小鞋"。很明显，无论是升职还是加薪也都与他无缘。如果你也是如此，那么你该思考一下，是不是自己不善言辞，为什么领导不愿意听你的建议？为什么同事不愿意跟你聊天？要知道，对每一个人来说，办事的能力和说话的能力都同样重要。在说话能力中，职场沟通能力是重中之重。

尽管很多职场人士已经认识到"说话"的重要性，并致力于提升自己的语言表达能力，不过让他们困惑的是，为什么别人一开口就能打破沉默、活跃办公室气氛，而自己一开口就加速气氛结冰，让同事避之不及；为什么别人一开口就能让领导喜笑颜开，而自己一开口领导只觉得不耐烦。对此，你要自我反思：你掌握说话的诀窍了吗？要知道，真正有效的职场语言一定是从心出发的，俗话说："浇树浇根，交友交心。"哲学大师海德格尔也说："语言是人类的栖居之地，做个会说话的人。"我们在职场说话，并不能毫无顾忌。俗话说："一句话说得让人跳，一句话说得让人笑。"我们只有把每句话都说到对方心里，才能让对方喜欢你。

因此，我们必须从现在起，在生活和工作中有意识地学习一些心理学知识，并将其运用到职场沟通中。因为任何人都不是天生的语言学家和心理学家，不可能生来就掌握打动人心的说话技巧。事实上，只要不断学习和提高语言表达能力，每个人都能轻松驾驭语言，轻松地与人交流。

我们每个人都希望找到一个语言导师来帮助自己提高说话水平。这就是编撰本书的目的。

从这本书中，我们能认识到说话对于职场人际关系维护的重要性，感受到语言的魅力，同时，本书还是一本职场心理手册，它从心理学的角度出发，结合具体的职场沟通实例，为我们提供了职场不同场合下的语言情景训练，从而更生动地教导我们该如何与领导、同事沟通，增强我们说话的技巧，帮助我们聚敛职场人气。相信你在熟读本书后，一定会对如何在职场巧妙地说话有更为全面的了解和掌握，从而发现如何与他人从容沟通的奥秘，进而成为一个凝聚超强职场人气、在职场顺风顺水的精英。

目录
CONTENTS

▶ 第 01 章 ◀
认真聆听领导说话，展现对领导的尊重

第一节　不但要带着耳朵听，还要理解话语中的含义　~　002

第二节　听出他人的言外之意和弦外之音　~　005

第三节　倾听，能传达对他人的尊重之意　~　007

第四节　听领导怎么说，你也能学会怎么说　~　010

第五节　倾听，能让沟通顺畅起来　~　014

▶ 第 02 章 ◀
给予反馈，在你来我往的沟通中拉近心理距离

第一节　倾听时要以礼相待，让对方轻松舒适　~　018

第二节　给予及时的回应，表明你倾听时的认真态度　~　020

第三节　辅以恰当的表情，表达你对对方话语的关注　~　023

第四节　报以微笑，鼓励对方继续说下去　~　026

第五节　认真地听下去，激发对方的成就感　~　029

第六节　微微点头，表达你对对方话语的肯定和支持　~　032

第 03 章

修炼好心态，倾听时用不卑不亢的态度让领导对你刮目相看

第一节　倾听领导说话，能帮你理解领导的意图　~　036

第二节　换位思考，假如你处于领导位置　~　039

第三节　"听"也不傻听，

　　　　领导话语中的重点要牢牢把握　~　043

第四节　领导向你抱怨，是对你的信任　~　046

第五节　领导愤怒时，先反思自己的工作是否做到位　~　048

第六节　你要明白，领导说话的出发点是为了工作　~　052

第七节　领导也是凡人，你不必紧张　~　055

第 04 章

倾听不傻听，听出领导话语背后的弦外之音

第一节　为何领导会私下里批评下属　~　060

第二节　赞扬，是对下属最积极正面的激励　~　063

第三节	背后赞美，比正面赞美更易赢得人心	~ 066
第四节	谨慎对待"兜圈子"的领导， 倾听领导的弦外之音	~ 069
第五节	如何理解领导对你提出的建议	~ 072
第六节	用情管理，表达关切之情打动对方	~ 075
第七节	先扬后抑，是领导者惯用的说话方式	~ 078

第 05 章

修炼语言表达能力，把话说到他人心里能为你铸就美好前程

第一节	谦逊表达，赢得他人好感	~ 084
第二节	领导都要面子，不可言语冲撞	~ 087
第三节	表达时思路清晰，让上司看到你的能力	~ 090
第四节	真诚表达，与上级沟通不可耍小心眼	~ 093
第五节	勇敢表达，相信自己的语言能力	~ 096
第六节	职场懂点沟通心理学，更易被认可	~ 098
第七节	把控语言礼仪，不要开口就冒犯他人	~ 101

第 06 章
因人制宜,对不同类型的说话者用不同的倾听策略

第一节　说者爱打击人,
　　　　你只需记住有利于你的部分就好　~　106

第二节　领导的赞扬和鼓励,一定要虚心接受　~　109

第三节　说者慢条斯理,你需要多点耐心　~　112

第四节　领导说话爱举例子,要知晓其中深意　~　115

第五节　熟悉外籍领导常用的表达方式　~　118

第六节　说者性格急躁,你只需要安静倾听　~　121

第七节　说者沉默寡言,你要把握其说的每一个词　~　123

第 07 章
言语"曝光"自己,让上司看到你的成绩与优点

第一节　推功揽过,让领导看到你的贴心　~　128

第二节　向领导提建议,要委婉含蓄　~　131

第三节　把握领导意图,说出他想说的话　~　134

第四节　向领导汇报工作,也要把握心理语言策略　~　137

第五节　如何巧妙与领导谈升职加薪的问题　~　141

第六节　工作进度,要以巧妙的方式告诉领导　~　144

目录

第七节　方案到位，再告知领导　~　147

第 08 章
看人说话，不同的人应当运用不同的语言心理策略

第一节　了解对方性格，才能对症下药好沟通　~　152
第二节　摸清对方行事风格，有策略地进行沟通　~　155
第三节　面对性子急的领导，说话不可长篇大论　~　158
第四节　面对睿智谨慎的领导，言语要不漏破绽　~　161
第五节　看准心思好说话，才能把话说到对方心坎里　~　164
第六节　面对爱挑刺的领导，说点让他顺心的话　~　168
第七节　适度赞美你的领导，会让他很受用　~　171

第 09 章
忠心可鉴，职场中表达无条件服从赢得领导信任

第一节　尽职尽责，恪守本分　~　176
第二节　主动及时地汇报工作，让领导对你放心　~　179
第三节　巧言表忠心，让领导信任你　~　182
第四节　专注手头事，别推卸责任　~　185

第五节　抱怨，只会让领导者厌恶你　~　188

第 10 章
把握心理距离，职场交谈也有尺度可言

第一节　安分守己，谢绝职场八卦　~　192

第二节　沉默是金，领导的事无需下属置喙　~　195

第三节　谨慎表达，说话不要挑战领导权威　~　197

第四节　与领导关系近，也不可口无遮拦　~　200

第五节　说话可以率性，但不能太随性　~　202

第六节　工作场合，不要提及领导私事　~　205

第七节　说话点到为止即可，不必长篇大论　~　208

第 11 章
言语有道，拒绝要用点心理策略才能不伤他人面子

第一节　以和为贵，拒绝要委婉客气　~　212

第二节　将拒酒词说得"楚楚动人"，
　　　　激发他人的同情心　~　214

第三节　职场女性，如何巧妙避开他人骚扰　~　217

第四节　职场拒绝他人，理由要说得有情有义　~　219

第五节　拒绝领导，更不可无视领导面子　~　222

第六节　迂回拒绝，让他人知趣　~　224

参考文献　~　227

第 1 章

认真聆听领导说话,展现对领导的尊重

第一节　不但要带着耳朵听，还要理解话语中的含义

倾听，不仅仅是听清楚，更需要听明白。许多下属往往混淆了这两个概念：听清楚和听明白。听清楚，意思就是将领导所说的话一字不漏地听进耳朵里；听明白，实际上是建立在听清楚的基础之上的，只有你完完全全地听清楚了，才能够明白话语的真实含义。听清楚和听明白完全是倾听的两个层次，前者是基础，后者是结果。作为倾听者，千万不要模糊了这两者的含义，明明只是听清楚了，却告诉领导自己听明白了。

在现实工作中，每当有领导说话的时候，我们经常会见到这样的现象：下属坐在台下以认真的态度倾听，或许你会觉得他们十分专注，但如果仔细观察，你就会发现这些人脸上竟然挂着茫然的表情，好像置身于另外一个世界。我们或许都有这样的经验：在倾听某人说话时，虽然大脑并没有想其他的事情，但就好像一片空白，对方所说的话进入我们的耳朵，然后

又像一阵风似的飘走了，我们所听到的只是简单的字词，却漏掉了大脑"翻译"这个环节。作为下属，倾听领导说话，不仅需要听清楚，更需要听明白。

公司每天早上都有一个例行的早会，许多职员对此叫苦连天，很抗拒还没睡醒就要坐在办公室里开会。因此，早上开会的作用似乎是很小的。

这天早上七点半，公司早会准时开始了。车间主任拿着笔记本走进了办公室，充满活力地向大家问好："早上好！打起精神来，新的一天又开始了。"几个下属虽然动了动身子，却无力开口说话，好像还在与周公告别呢。车间主任开始说话了："上周，咱们公司的产品出现了多种问题，虽然我一再强调，你们在操作过程中注意点、谨慎点，但还是免不了会出错。希望大家能坚持几天，因为公司很快会换一批全新的设备，而且是全自动的，到时候你们就可以松一口气了。在这之前，你们需要认真对待工作，尤其是在上班期间，不能有丝毫懈怠，否则产品就会出现问题，一旦产品出现了问题，谁会买咱们的产品呢？"

话说到这里，车间主任发现下属小王正茫然地看着自己，他不禁问道："小王，你听清楚我的话了吗？"小王回答说："听清楚了。"车间主任点点头，早会就到此结束了。岂料，当天下午，小王就因为疏忽大意而造成产品不合格。还是在那间办公室，车间主任责问："早上你不是听清楚了吗？怎么，难道你一点都没听明白？"小王动了动嘴，不敢开口说话。

案例中，小王的表现就是典型的"听清楚了"，但并未"听明白"，他自己觉得，自己听清楚了也就是听明白了，没想到造成了工作上的失误。很多时候，下属都有这样的经历：自己真的听清楚了，而且可以将领导说过的话重复一遍，但话语的深层含义，却是想都没想过。之所以会出现这样的问题，其实就是因为下属错把"听清楚了"当作"听明白了"。

金钥匙

在日常工作中，倾听领导说话，我们不仅需要一字不漏地听进耳朵里，还需要将这些话听进心里，这样我们才能真正地明白领导说话的意思。否则，我们的倾听就仅仅是表面上的，而没有深入到心里，所以才会经常造成似乎听清楚了领导所说的话，但在工作中还是会犯错误的现象。

第二节　听出他人的言外之意和弦外之音

作为下属，如果你想高效地完成工作，那就需要听透领导的话，听出话里的本意和真意。听领导说话，不仅是一个动作，还是一个技术活。"听"意味着领导所说的内容话里有话，话语中有更深层次的含义。下属若想有效地完成领导安排的工作，那就需要听透领导所说的话，领悟话语中的本意和真意，如此你才能受到领导的赏识和认可。

小宋刚刚进入公司，她平时就是一个很爱干净的人，每天一上班就开始打扫办公室卫生，不过，她在工作中却经常因为粗心大意而犯下一些小错误。

有一次，领导看见她在扫地，就说："一上班就打扫，挺有条理啊……"小宋听了很开心，以为这是领导在赞赏自己呢。可是，后来领导老是这样"夸"自己，她就觉得有点不对劲儿了。于是，她开始询问那些老同事，领导这样说自己到底是什么意思。结果，同事的回答让她大吃一惊："夸你总是扫地，而且还说挺有条理，这句话听起来似乎是夸奖，但如果你听透的话，就可以听出话语的真实含义了，领导的意思是说你除了打扫卫生，其他能力都不怎么样。也就是说，让你不要把过多的精力花在打扫卫生这件小事情上，而是要花时间学习，这样工作能力才会有所提高。"听了同事的话，小宋仔细一琢磨，好像真的是这么一回事。

有人说"职场如战场"。如果你读不透领导所说的话，就很有可能处处受挫。在日常工作中，领导会根据我们的职场表现说一两句赞赏的话，若是心思简单的下属听了，定会兴高采烈，觉得领导终于称赞自己了，但如果你仔细揣摩，却发现领导的话语并不如想象中那么简单。比如领导会说"你沟通能力比较强",这句话听起来像是称赞,但话语的本意可能是暗示"你经常在办公室里聊天";领导说"你为人比较随和",这句话听起来也像是夸奖,但话语的真意可能是"你随时有被解雇的危险"。

 金钥匙

通常情况下,中层以上尤其是高层领导说话的方式都是比较含蓄而委婉的,因此,他们常常将自己内心的本意和真意隐藏在话语之中,等待着下属自己去揣摩。如果下属仅仅只是领悟了话语本身的含义,那就很有可能误会领导的意思,从而造成工作中的失误,同时也会招来领导的反感。

第三节　倾听,能传达对他人的尊重之意

在职场上,那些备受领导欣赏的下属一定是一个倾听者,而不是滔滔不绝、喋喋不休的人。有效地倾听,不仅是对别人发言的一种肯定,更是对别人的尊重。在职场中,最善于与领

导沟通的高手，是那些善于倾听的人。倾听是对领导最好的尊敬，专心听领导说话，是你给予领导最有效、也是最好的赞美。

一般而言，在人与人沟通的过程中，表达往往是以自我为中心，而倾听则是以对方为中心，是对他人的尊重和重视。作为下属，不仅要能说会道，更需要学会去倾听，因为"听"也是对人的一种尊重。在生活中，其实每个人都希望和渴望对别人倾诉内心的声音，也希望得到聆听者的理解和认同。领导也是普通人，跟平常人一样，他内心也有这样的诉求。因此，下属要善于了解领导的心理，领会其渴望对人讲话的内心诉求，适时做好倾听者，赢得领导的赏识。倾听领导的心声，远比滔滔不绝地讲话更能打动领导的心，这时倾听是一种尊重，更是一种对领导心灵的慰藉。

小菲是公司里年纪最小的，但是大家都很喜欢她，因为她积极上进，总是很虚心，不管是谁说话，关于工作的或者与工作无关的，她都能够安静地在一旁倾听。小菲的这个特点备受领导赏识。

办公室主任老王是出了名的"唠叨王"，他经常逮着机会就讲话，尤其是对下属，不管是工作上的还是生活中的，只要他愿意继续讲下去，就可以讲上半天。因此，下属们都惧怕他，一看见他来了就赶紧找机会溜走，或者躲起来。但小菲却从来不躲不藏，每当老王讲话的时候，小菲总是很认真地倾听，哪怕是一些与工作毫无关系的话。在小菲看来，倾听领导讲话，这本身就是对领导的尊重。也正因为小菲如此认真的倾听态度，让老王每次回到办公室都感叹："小菲真是不错啊，每次我讲话，无论时间多长，她都从来不会表现出不耐烦的表情。"于是，每次办公室有什么重要的工作，老王都会吩咐小菲去完成，以此不断地增加她的工作经验。

或许，小菲的资历、工作经验、能力不如其他的同事，但她身上表现出来最难能可贵的一点就是懂得倾听。倾听领导对

工作的意见，倾听领导对生活的看法，以此表达自己对领导的尊重。同时，在倾听过程中，还能有效地亲近领导，了解领导，对于小菲自己以后的工作也是很有帮助的。

 金钥匙

在小说《傲慢与偏见》中，丽萃在一次茶会上，专注地听着一位刚刚从非洲旅行回来的男士讲非洲的所见所闻。当时她几乎没有说什么话，但分手时那位绅士却对别人说，丽萃是个多么擅言谈的姑娘啊！这就是倾听别人讲话的效果。倾听可以有效地传达对领导的尊敬之意，从而赢得领导的喜欢。

第四节 听领导怎么说，你也能学会怎么说

通常听领导说话，不仅要会听，更需要会记录。一般情况下，领导说话的时间是少则几分钟，多则几个小时，在如此不确定的时间里，领导所说的内容并不都是一两句话就能概括的，甚至有的领导所使用的是长篇讲话稿。一个人的记忆力是

有限的,有可能你在听的过程中,真的是听清楚了,也听明白了,但并不意味着你在结束后也能记住领导所说过的每一句话。

俗话说:"好记性不如烂笔头。"一个人的记忆力再好,也有忘记的时候。相反,如果能将领导所说过的话用笔记下来,谈话结束之后,不时地翻出来看看,温故而知新,你就越来越能理解领导话语中的含义了。

小王是总经理身边的秘书,在日常工作中,小王重要的一项工作就是听领导说话。不管是大会还是小会,小王都需要到场,而且不仅仅是听领导说话,还需要做会议记录,这是小王的分内工作之一,将整个会议的内容记录、整理出来,以备上级领导抽查。

时间长了,小王自己也做了一份记录,是主要针对领导所说的话做成的记录。他把领导经常所说的话以及领导的想法都记录了下来,在他的记录本上,清楚地记录着这样的文字:

"各级主管一定要关心、关爱下属,让员工信任,让员工一有困难就找你,这样的领导,下属才愿意为你拼命。

"我们在做决定时一定要考虑利弊关系,是利大于弊还是弊大于利,很多事情没有绝对的对与错,但是一定要把握利弊关系,以这个为方向点、关键点来决策,才能避免后续出现更大的偏差。

"我们做业务要发挥一切可以利用的资源，没有资源要向分公司总经理寻求支持，要打仗没有粮草怎么行？但粮草一定要用到刀刃上。

"对待员工和对待客户一样，你想得到什么样的服务，那么在提供服务的时候就要付出更多，超过客户的预期，那客户不会不满意，超过前线的预期，那前线就不会抱怨后方。

"简单务实，简化流程，工作决不能仅仅流于形式、照搬照抄。每个主管在批签报的时候都要仔细打开附件核实，对待工作绝不能仅仅是写个同意就完事。"

再回过头来仔细查看秘书所做的记录，发现这其中的几条都是领导话语中的精髓部分，这些记录下来的话语可以成为下属了解领导思想的突破口。不仅如此，通过这些记录在册的话语，我们还可以观察到这位领导平时的工作习惯和工作风格。

　　在领导说话的时候，下属做好记录，可以说是益处多多。比如，当领导说到某个问题时，或许当时你并没听懂这是什么意思，那么就不妨将其记录下来，等领导说话结束后，你可以认真思考，这话到底是什么意思；也可以拿着记录本向领导请教，以此增加与领导接触的机会。

金钥匙

　　对下属来说，将领导所说的话记录下来，是对领导的尊重，也是自己对工作的负责。有时候，领导对某项工作要求很严格，可能仅仅针对一个工作环节就提出了诸多的要求，这时如果不把这诸多的要求记录下来，落实起来就会有难度，极易混淆了其中的概念，这对下属自身工作来说，是很不利的。

第五节　倾听，能让沟通顺畅起来

　　古希腊先哲苏格拉底说："上帝给了我们两只耳朵、一张嘴巴，其用意就是让我们少说多听。"这句话形象而深刻地说明了"听"比"说"重要。"倾听"是下属应具备的素质，只有充分调动起听力，才能促进上下级之间的沟通与交流，更了解领导心中所思所想。倾听，还有一个重要的条件，那就是"听而后言"，听明白了之后再发言，这是一种尊重，更是一种沟通的艺术，因为倾听是需要耐心的。耐心地倾听领导说话，等领导说完之后再发言，实际上是对领导的尊重。你付出了时间和精力，认真地听领导说话，会让领导感到自己的价值以及你对其发言的重视和感兴趣程度。所以，在工作中，下属在倾听领导说话时，要尽量做到"听而后言"，耐心倾听领导说话，了解了领导真实的想法，再委婉地提出自己的想法和观点。

　　王姐是销售部经理，由于她平时为人和蔼可亲，因此不管是领导还是下属，都亲切地称呼她为"王姐"。这天王姐拿着一件掉色的衣服走进办公室，打算发发牢骚，但有两位下属总是打断她的话。王姐开口说："我昨天才从商场买了这件衣服,本来打算洗了之后再穿,没想到竟然掉色,而且我的白色衬衣也染上了颜色,真是郁闷……"话还没说完,一位下属就插话说:"所有深色衣服刚开始穿都会褪色,我的那件也是,真是一点办法也没有,尤其是这种在商场买的衣服。"另外一位下属也附和道:"是啊,如果你拿去退货,估计营业员不会拿好脸色来对你的。"

王姐脸色有点不悦,这时办公室里的小黄走了过来,她先是耐心地听了王姐的抱怨,一句话都没说,只是安静地倾听,等王姐把话说完之后,才开始安慰:"王姐,没有必要为这种小事生气,据我所知,这种衣服在第一次洗的时候,可能

会有轻微掉色，但以后就不会了，我之前也买了这样一件衣服……"随着小黄的话语，王姐的脸色变得温和了。

伏尔泰曾说："通往内心深处的路是耳朵。"在某些时候，倾听可以作为一种武器，通过倾听，可以传达、显示出自己内心的想法、观点、地位和修养等。作为下属，在日常工作中更需要认真倾听。认真倾听，不仅是对领导的一种尊重，而且还可以让领导愿意走近你，向你表达他们内心深处的想法。

 金钥匙

在实际工作中，许多下属常常犯这样一个错误——不愿倾听，最终导致上下级沟通出现了问题。不会倾听的下属不仅无法与领导进行畅通的沟通，还会影响到自己的工作。对领导者来说，自己在说话时，最忌讳下属插话，或直接打断自己的话，这会让他感觉到自己的威严被侵犯了。相反，如果下属在自己说完话之后才发言，领导则会备感欣慰。

第 2 章

给予反馈,在你来我往的沟通中拉近心理距离

第一节　倾听时要以礼相待，让对方轻松舒适

有时在职场上，前途并不是靠"说"出来的，而是靠"听"出来的。在给予领导回应时，我们需要把握一定的分寸和礼仪，反应只需适当，若是超过了一定的"度"，就会令领导心生不悦。任何一次沟通都是双向的，即便是倾听，也是双向的，这就决定着在倾听时需要作出及时、恰当的反应。这样的反应既需要适时表达自己的想法，同时又要避免喧宾夺主，切忌抢占领导说话的权利，适时扮演一个倾听者的角色即可。要向领导表示你对他们所说的话感兴趣，并专注认真地倾听，这样领导就会很愿意说下去。

在公司年会上，经理提议："去年春节咱们公司一起去了黄山旅游，今年大家想好了地方没有？我倒觉得三亚不错，那里气候适宜，风景优美……"经理话还没说完，公司职员小张就抢走了话题："三亚去年夏天我已经去过了，我倒觉得云南

不错,到处都是风景,像大理啊、昆明啊,这些地方都很出名,而且云南四季如春,正适合咱们去呢,大家说是不是?"小张不仅将话题抢了过去,而且还说得津津有味,经理面子上有些挂不住,表情也显得很不自然,但小张根本没注意到这些,只顾自己说。

在倾听领导说话的过程中,不要随意打断领导的话,这一点是相当重要的。随意打断领导说话会打击领导的热情和积极性,而且这也是一种不礼貌的行为。因此,在领导说话时,下属最好不要随意插话或接话,更不要不顾领导喜好更换话题。有时在倾听过程中,领导的某些观点可能会有失偏颇,也可能不符合你的口味,但是作为下属应该记住:领导毕竟是领导,即便是他不对,你也不能当面直接批评或反驳他的观点,因为这会使他下不了台。

 金钥匙

在倾听过程中，态度不够认真，比如玩手机，或跟身边的人聊天，这算是有失礼仪；如果抢过领导话题，自己开始大谈特谈，或者随意插话，直接反驳领导的观点，这就是反应过度了。这样的一些行为都会让领导心生反感，因为他会感觉自己的意见被无礼地打断了，感受不到下属的尊重。

第二节　给予及时的回应，表明你倾听时的认真态度

倾听是构成有效沟通的必要内容，以求达成思想一致和情感的通畅。而在倾听过程中，回馈则是必要的构成部分，这些反馈包括适当的眼神交流、适时提问等。当然，这些在倾听过程中所作的回馈应该是及时的，而不是等领导说完了半天，你才给出一个反应，这时领导已经不那么在乎你的回馈，自然你的回馈也是毫无价值的，甚至会让领导觉得你根本没认真倾听

他说话,从而心中对你产生不满。

通常情况下,当我们饱含热情地说一件事或谈论一个人的时候,特别希望倾听者能够及时给予回应,从而让我们感觉不是一个人在唱独角戏。其实,听领导说话也是一样的道理,下属的反馈一定要及时,所谓过时不候,你的反馈在过时后将无任何价值。

这天酒会上,王总喝了几杯酒,兴致勃勃地说起了自己当年创业的故事:"那时我跟你们一样,刚刚大学毕业,不过,那时候大学生没现在这样多,所以我的优势还是有的。"这时坐在旁边新来的职员小李回答说:"是啊,那时候大学生的身份可金贵了,哪像现在遍地都是,大学生根本没什么优势可言。"王总端起酒杯喝了一口,说道:"就是,所以我那时候的机会也很多,许多大公司都邀请我加入,但是我都拒绝了,我想自己创业,正好家里还有一些积蓄。于是,我邀请了几位大学同学,商量了几天,最后作出了一个方案,那时候人很年轻,做任何事情都很疯狂。"新职员小李笑着点点头,表示相当认同。

王总继续说:"后来我们几个人南下,怀揣着希望,开始了我们的创业生涯。其实事情发展远远没有想象中那么顺利,当时我跟你们现在一样,把这个社会想象得太美好了。因此,在最初我们也栽过跟头、摔过跤，但我们不服输……"小李时而微笑，时而听着王总所说的内容陷入深思，几乎对王总每说一句话都会及时作出回馈。相应地，看到小李如此专注听自己说话，王总更是越说越有兴致。

王总每说一件事情，小李都会及时地给出回应，或是附和领导的观点，或是点头同意，或是微笑，或是皱眉，表示对当时的情况很感兴趣。及时的反馈，会让说话者感觉到倾听者的认真以及期待。于是，说话者更有兴趣继续说下去，双方的距离也会越来越近。

 金钥匙

在倾听过程中要有反馈，也就是向说话者反馈自己的尊重与关注,这会让说话者感到自己和自己的谈话内容在他人心里很重要,这在一定程度上起到了正性强化作用。心理学家通过大量研究发现,每个人都喜欢和尊重自己的人沟通。在倾听领导说话的过程中,及时反馈会激励对方继续说下去,对说话者本身会产生极大的鼓舞。

第三节　辅以恰当的表情,表达你对对方话语的关注

在倾听领导说话时,除了必要的一些言语回应外,还需要作出一些非语言的回应,非语言的反馈包括点头、微笑、皱眉等。在倾听过程中,适宜的表情回应会让领导感到你对他说的话很有兴趣,就会愿意与你交谈,并对你的印象很好。当然,倾听过程中的表情反馈应是适宜的,这意味着你的表情需要随着领导所说的内容变化而变化,比如当领导在讲述自己当年的光荣历史时,倾听者应该表现出敬佩、欣赏的表情;当领导者在讲述曾经失意的事情时,倾听者应该表现出理解、惋惜、遗憾的表情;当领导者在安排工作或是批评的时候,倾听者应该回以专注、认真的表情。倾听者的表情要应景而生,这样才会

让说话者感觉到你是在认真地倾听，而并不是敷衍了事。

那么，在倾听领导说话时，如何才能作出最适宜的表情回应呢？最简单的方法就是站在说话者角度换位思考，将自己置身到领导说话的场景中，将自己想象成说话的当事者，当你在诉说一些事情的时候，希望别人表现出什么样的表情。作为倾听者，要认真领会领导话语中的深意，走进领导心里，才能对领导所说的话做出最适宜的回应表情。

酒会上，主任王姐依靠着栏杆，在酒精的刺激作用下想起了伤心往事，不禁小声啜泣起来。李秘书正好路过这里，面带关心的表情亲切地问道："王姐，怎么了？"王姐靠着李秘书的肩膀，哭着说："我又想起了那次车祸，想念我失去的亲人，虽然我现在工作做得好，但每每受到公司嘉奖时，我就想起他们，如果他们还在我身边，能够分享我成功的喜悦，那该多好啊，可惜他们不在了，为什么会这样呢？为什么上天不把我一起带走呢？为什么留下我一个人痛苦地活着呢？"

李秘书拍拍王姐的肩膀，表情有些悲伤，有些惋惜，但很快表情变得专注而认真，她说道："我明白，那真是件不幸的事情，但你已经熬过来了，逝者已矣，活着的人更需要坚强，或许他们已经看到了你今天的成绩，正在另外一个世界为你加油呢，所以，我希望你能坚强地走下去。"王姐点点头，情绪也好多了。

在倾听王姐诉说过去痛苦的事情时，李秘书的表情表现得恰到好处。看到王姐在小声啜泣，李秘书面带关心的表情，适时询问；在得知王姐情绪波动的缘由之后，李秘书表示惋惜、遗憾，但马上表情变得认真而专注，因为她要鼓励王姐坚强地活下去，如果李秘书的表情一直是惋惜或遗憾，那会加剧王姐内心的痛苦，使她更难从痛苦中摆脱出来。

金钥匙

倾听过程中表情的适宜，主要表现在你的表情要配合领导的情绪。有可能领导正在谈一件伤心的往事，这时你要脸色庄重，表现出相应的表情，比如热泪盈眶、唉声叹气等。要注意你的表情要配合对方的情绪，不能在对方谈伤心事时高声大笑或心不在焉。在倾听时要保持专注、投入的表情，这会让领导感觉到你对他谈话内容的兴趣与重视。切勿展现出漫不经心、心不在焉、无精打采等不好的表情和神态。

第四节　报以微笑，鼓励对方继续说下去

在倾听过程中若是面带微笑，那对说话者来说会是巨大的鼓励。很多人都忽视了倾听表情中最重要的一个表情——微笑，倾听领导说话，保持自然微笑的表情，同时随着领导的说话内容相应地变化，不时地点头表示赞同，那你就称得上是最善于倾听的下属了，自然，领导也会乐意与你交谈。微笑是人类最好看的表情。假设我们是说话者，在我们面前有两个倾听的对象，一个面无表情，一个面带微笑，我们更愿意向谁倾诉呢？显而易见，大多数人都会愿意与那位面带微笑的倾听者交谈。对领导者来说，他们并没有特别奇怪的想法，他们也愿意与面带微笑的下属交谈。因此，在倾听领导说话时，我们要微

笑在脸，让对方乐意与我们交谈。

小泽发现同事雅莉总是能够与领导搞好关系，而且许多领导都喜欢找雅莉说话。小泽百思不得其解，论口才，雅莉并不如自己啊，为什么领导总是喜欢与她交谈呢？

在一次宴会上，小泽发现领导正在与雅莉说话，他仔细观察了一下，发现雅莉除了始终面带微笑之外，根本没说几句话，大多数时间都是雅莉微笑地看着领导说话，而这时领导通常也会微笑着说话，两人的距离一下子就拉近了。

宴会结束后,小泽与雅莉闲聊了起来:"刚才领导跟你说什么呢?"雅莉回答说:"也没聊什么,就是聊了聊他去非洲旅游的事情。"小泽有些奇怪:"我看大多数时候都是他在说,但他却很乐意与你交谈呢。"雅莉笑了笑,说道:"是的,我只是偶尔问一两句,其余的时间都是他在那里说,我只不过是微笑着听他说而已。"小泽恍然大悟:"微笑?原来如此,就是微笑,因为你总是面带微笑,所以不管是领导还是同事都愿意与你说话,因为你所展现出来的态度是友好的,难怪领导都愿意与你交谈,原来是微笑的吸引力。"雅莉想了想,好像真的是这么一回事。

任何一个人都愿意与态度友好的人交谈,领导也是一样,他们更愿意与那些面带微笑的下属交谈。在他们说话时,只要看到下属倾听时露出的笑容,即使他们也知道下属可能并没听懂自己所说的话,他们也愿意继续说下去,这就是微笑带来的魅力。相反,面对那些面无表情或冷若冰霜的倾听者,领导很快便没有了继续说下去的欲望,而且以后也不会愿意与这样的下属交谈。

金钥匙

微笑是全世界通用的语言,微笑代表温暖,代表友好,更代表内心的一份热情。反之，若是冷若冰霜、面无表情，则会让人觉得你或许不愿意倾听，或者你厌烦别人的话。因此，在倾听领导说话时，微笑就是最好的回馈，哪怕在整个倾听过程中，你不说一句话，但只要是面带微笑，就等于给了说话者莫大的鼓励，他会愿意继续说下去，而且其话语中所表现出来的忧虑或悲伤，在微笑面前也会消减不少。换句话说，如果领导本身心情很差，但下属面带微笑地倾听其内心的烦恼，那么谈话结束之后，领导的心情会有所好转，这也是微笑倾听产生的效果。

第五节　认真地听下去，激发对方的成就感

倾听是沟通的构成部分，意味着倾听也有沟通的特点。任何倾听都与沟通一样，是需要交谈双方共同努力的。倾听，不仅是听对方说话，而且还需要具有"倾听"的态度。尤其是在倾听领导说话时，下属更应该注意自己的态度问题，必须保持神情专注、情绪饱满的态度，漫不经心、情绪消极是无法有效地倾听领导说话的，而且，这样的态度也会

让领导者觉得自己不被尊重、不被重视，从而对下属产生一些不好的看法。

在倾听领导说话时，下属的身体应向前倾，这表示你对他的谈话很感兴趣。除此之外，脸上表情专注，认真倾听领导所说的每一个字、每一个词，还需要观察领导在说话时所表现出来的表情、动作，以此才能准确地揣摩出领导话里的真意和本意。不仅如此，在倾听时还需要情绪饱满，保持一种积极的态度，表示你很乐意听对方说话。作为下属，在倾听时，应该精神高度集中，神情专注，情绪饱满地听领导说话。

有一次，销售员小王与合作公司经理展开了有趣的交谈，一开始，那位经理就喋喋不休地谈论自己的儿子，他十分自豪地说："我的儿子要当医生了。"小王神情专注，惊叹道："是吗？那太棒了！"经理继续说："我的孩子很聪明吧，在他还是婴儿的时候，我就发现他相当聪明。"小王点点头，回应道："我想，他的成绩非常不错。"经理回答说："当然，他是他们班上最棒的。"小王笑了，问道："那他高中毕业后干了什么呢？"经理回答："他在国外学医，这孩子，我最喜欢他了……"话匣子一打开，经理就聊起了儿子在小学、中学、大学时的趣事。

第二天，当小王再次打电话给那位经理时，经理已经决定从小王手中下订单，而经理的原因很简单，他说："当我提起我的儿子有多令人骄傲的时候，他是那么认真地倾听。"

神情专注、情绪饱满地倾听，使得小王赢得了一份订单，如此看来，"倾听"确实是一个讨人喜欢的行为。倾听是一种交流方式，更是一种亲近的态度，而专注的倾听更是能领略别样的风景，也只有情绪饱满地倾听才能真正地走进领导的心里。

金钥匙

倾听并不是没有任何意义的随声附和，一个优秀的倾听者可以从说话者那里获取大量的信息。不过，倾听也是有技巧的，除了听之外，还需要保持认真的姿态，适时重复对方话语中的字眼。

当然，倾听比说话更需要毅力和耐心，需要长时间保持专注的神情以及高度的热情和积极性，这是有效倾听的关键，也是实现良好沟通的基础。要想做到聚精会神地倾听，你应该在与领导沟通之前做好充足的准备，比如身体、心理、态度以及情绪准备，疲惫的身体、无精打采的神态以及消极的情绪都可能让倾听收效甚微。

第六节　微微点头，表达你对对方话语的肯定和支持

沟通是双向的，即便是领导，也需要在倾诉过程中得到你及时的回应。必要的回应能让领导感到被支持、被认可。当领导说到关键处或停顿的间隙，作为倾听者的下属，应该微笑点头，适当给予回应，以激发领导继续说下去的兴趣。在倾听领导说话的过程中，如果下属觉得领导所说的某些观点和想法很有道理，那不妨恳切地点头作为回应，让领导感觉到自己的话语被人赞成。

对于领导者的话，如果下属给予恳切点头的回应，领导者

也会产生同样的感觉，他会觉得，原来自己的某些看法是能够得到支持的，是被下属赞同的。这样一来，他会更愿意袒露自己内心的想法，希望能得到下属更多的支持和肯定。在倾听过程中，点头既表示一种回应，同时也是一种肯定与赞同。

小罗在公司里是一个很受欢迎的人，他常常会接到不同的邀请，而在各种社交场合，他能和许多领导打成一片。朋友小林十分敬佩他，不过，他始终没能找到小罗的社交秘诀。

有一天晚上，小林参加一个小型的社交活动，一到场他就看见了小罗和一个气质高雅的女士坐在角落里。他仔细一观察，发现那位女士是某化妆品公司的经理。小林还发现，那位年轻的经理一直在说，而自己的朋友小罗好像一句话也没说，只是偶尔点点头。

回家的路上，小林忍不住问小罗："刚才，那位化妆品女经理好像完全被你吸引住了，你是怎么做到的？"小罗笑着说："刚开始我只是问她：你的肤色看起来真健康，去哪里度假了吗？她就告诉我去了夏威夷，还不断称赞那里的阳光、沙滩，我表示认同地点点头。之后顺理成章地，她就开始讲起了那次旅行，接下来的两个小时她都一直在谈夏威夷。最后，她觉得和我聊天很愉快，可是，我实际上并没有说几句话。"

在这个案例中，我们可以看到小罗在倾听对方说话过程中表现出来的一个小细节——点头。当对方在称赞什么或者谈论什么事情的时候，作为倾听者如果觉得这也是自己所认同的，那不妨以点头作为回应，赞成对方的话语，可以激励对方继续说下去。

懂得倾听，认真地倾听，让对方感受到你的注意力，让他觉得你对他所谈的内容很感兴趣，那么，他与你的心理距离就会缩短。而大多数人更愿意与支持自己、赞同自己的人交谈。那么，如何表现自己赞同领导的话语呢？如果在倾听中，我们不时点点头，那就表示我们赞同领导所说的话。在这样友好的氛围中，领导者更容易对你产生好感。

金钥匙

任何一个人在说话时都希望能从中获取一种心理共鸣，也就是自己所说的话能够被倾听者理解，至少是被赞同的，对于领导这样特殊身份的人来说更是如此。因为在很多时候，领导的某些观点和看法都是出于总体的考虑，下属理解起来是不容易的。在这种情况下，如果领导在说话时，发现下属点头认可自己的观点，他将会感受到一种莫大的欣慰。因此，下属在倾听领导说话时，要善于揣摩领导者的心理，不时恳切点头，肯定和支持领导的意见，从而拉近与领导之间的距离。

第 3 章

修炼好心态，倾听时用不卑不亢的态度让领导对你刮目相看

第一节　倾听领导说话，能帮你理解领导的意图

可以说，倾听是人际关系和谐的重要环节。上下级之间倾诉和倾听，乃是互信亲密的标志。作为一个下属，应该是一个出色的倾听者，要用心倾听领导的声音，理解领导的诉求和期望。倾听，更需要有一颗真诚的心，远离客套、溜须拍马等形式主义，瞬间拉近与领导之间的心理距离。领导真诚地向下属敞开心扉，下属真诚地倾听领导说话，这时上下级之间的沟通之门就会打开。

当然，真诚的倾听并不只是听听而已。下属在听完领导说话之后，还需要想想假如你是领导，你怎么看待这个问题，假如你是领导，你会有什么新的想法和要求。只有在具体工作中经常这样思考，设身处地站在领导的立场上分析判断问题，才能了解领导所思所想、所急所盼，快速地找到解决问题的方法。

有一天,美国知名主持人林克莱特采访一位小朋友。林克莱特问他:"你长大后想干什么?"小朋友天真地回答:"我要当飞机驾驶员!"林克莱特继续问:"如果有一天,你的飞机飞到太平洋上空,所有引擎都熄火了,你会怎么办呢?"小朋友想了想说:"我会先告诉坐在飞机上的人,请系好安全带,然后我挂上我的降落伞跳出去。"听到小朋友的回答,现场的观众笑得东倒西歪,但是,林克莱特继续注视着这个孩子,想看看他是不是自作聪明的家伙。

没想到,这个孩子两行热泪夺眶而出,林克莱特感到这孩子的悲悯之情深深地打动了他。于是,林克莱特继续问他:"你为什么要这么做?"小孩子的答案透露出一个孩子真挚的同情:"我要去拿燃料,我还要回来!我还要回来!"

当孩子不顾别人，自己挂上降落伞跳下去时，谁听出了这个孩子的同情心呢？大多数人都成了那笑得东倒西歪的观众，为什么会这样？因为我们丢掉了心中的真诚，因为我们无法真诚地倾听小孩子的回答，当然我们就无法真正地走进孩子的心里。倾听领导说话，也是这样的道理，在真诚的倾听中，我们需要穿透语言，发掘领导的内心。

在工作以外，张主任是一个不太实际的人，他经常会向下属提出一些幻想中的东西，并且迫切地希望得到下属的认可。但情况却恰恰相反，下属在了解了张主任这样的情形之后，大多数人都会抱着听故事的心态，听完了就走开，根本不给予任何意见，或者就是开开玩笑："张主任，我觉得你这个设想比上次那个靠谱多了。"

这天张主任又在讲述自己的幻想了："你们觉得这个策划真的只能做成这样吗？我觉得可以用另外一种方式……"下属们面面相觑，陆续找借口离开，这时只剩下一个新人小王坐在那里，只见小王沉默了半刻，回答说："张主任，我觉得你的这个想法还可以，但真正实施起来恐怕会有一些问题，因为许多条件是不具备，比如……"张主任面带微笑听完了小王的意见，赞扬了一句："看来，只有小王用心地听我说话了。"

在现实工作中，有相当一部分下属天天玩手机，穿梭于各种活动中，忙碌于朋友之间的应酬，却舍不得花时间和精力倾听领导说话，倾听领导所提出的要求。遇到领导说话的场合，总是能回避就回避。实际上，这些下属不懂得"倾听就是工作"，而且是非常重要的工作。

金钥匙

作家鲍威尔曾说："我们要聆听的是话语中的含意，而非文字。"而真诚的倾听，就是穿透了文字，领悟领导真正的心声。如果你想要领导欣赏你、肯定你，那么先学会做一个真诚的倾听者。因为下属的真诚，会让领导觉得自己所说的话没有白说。真诚的倾听者就好像亲密的朋友一样，无论对个人还是对团体都能起到积极的作用，同时，他们让领导觉得相当可靠、值得信赖且非常忠诚。

第二节　换位思考，假如你处于领导位置

在倾听领导说话的过程中，我们要善于换位思考，也就是站在领导的立场思考，否则你永远不知道领导在想什么。倾听

领导说话，我们要做到多听少说多思考，听了以后，我们需要换位思考，因为一切没有经过思考的东西，都将是无力的。通常倾听的目的是做出最贴切的反应，而并不是想了解对方。换位思考倾听的出发点则是为了"了解"领导而非为了做出贴切的反应，也就是通过交流去了解领导的观点、感受。

这天中午，主管拿着一叠文件来到小娜的办公桌前，"啪"地一下将所有的文件摔在桌子上，大声责问："你是怎么写企划案的？这可是即将执行的企划案，你自己看看，你都写了些什么，毫无逻辑，语言不严谨，我甚至怀疑你中文是否及格？"小娜低着头，默不作声，主管继续说："上个星期我还让你好好写，希望你能给我一个满意的企划案，没想到满心的期待等来的却是这样的结果，现在时间这么紧张，怎么弄？我可是头都快炸了。"

小娜抬起头，满脸通红，说道："对不起，主管，这都是我工作失职，我让您失望了，也耽误了咱们的工作进程。"主管看了她一眼，说道："你知道问题的严重性就好，你是第一次写企划案吗？怎么一点儿都不懂怎么写？本来一个好好的想法被你写得乱七八糟。"小娜很窘迫地说："我是第一次接触企划案，不好意思，给您添麻烦了，我会重新写一遍，尽我最大努力做好。"主管脸色缓和了下来，说道："如果不知道企划案怎么写，你可以向我咨询，希望你说话算数，尽快把这份企划案赶工出来。"

在案例中，下属小娜就是换位思考地倾听了主管的话，她并没有为自己的过错找理由，而是考虑到领导的心情，设身处地地为其着想，立即为自己的失职而道歉，让主管意识到，下属是能够体谅自己良苦用心的。这样一来，领导心中的怒气就慢慢化解了，而且主动建议下属向自己请教工作上的某些问题。

换位思考的倾听，也就是表现出特别理解说话者所说的话语含义。对下属来说，这种倾听方式最有利于了解领导，并与领导顺畅沟通，建立感情。在倾听过程中，用心聆听领导的思维与心声，这是一种设身处地、尝试以领导的角度来思考问题的倾听方式。在所有的聆听方式中，这是唯一可以真正进入领导心里的方式，同时也是倾听者高情商的表现。

下属在倾听过程中，需要设身处地为领导者着想，提出一些看法和建议，并适当作出一些反应如"确实是这样""我很理解这种心情"，其实你的这些反应往往是领导所期待的。这些反应会让领导觉得，你并非在表现自己，而是在关心他。下属应该清楚自己所表达的观点并不能完全解决领导的问题，但你唯一能做的就是表现出理解和体谅，并用心地倾听领导说话。

金钥匙

有时我们受到领导的批评，心里会想领导怎么会是这样一个毫不留情的人，从而萌发出深深的憎恨。这时我们是否应换位思考，真正地站在领导的角度思考问题呢？懂得换位思考的倾听者会在考虑自己的需求之前，先考虑他人的需要，而且会支持和帮助他人，领导倾向于向倾听者打开心扉，是因为领导渴望被关怀，而会换位思考的下属也确实做到了这一点。

第三节 "听"也不傻听，领导话语中的重点要牢牢把握

倾听本身是下属与领导沟通的基础，但在现实工作中，很多人并没有完全掌握"听"的艺术。有的下属在倾听领导说话时，其实是听而不闻，或者是完全不用心倾听，简直可以用忽视领导来形容，心不在焉，只是沉迷在自己的世界里，领导的话就如同耳边风，完全没听进去；有的下属则是假装在倾听，他可能用身体语言假装在倾听，嘴里敷衍着"嗯""哦""好的"，甚至有时还会重复领导的话语当作回应，实际上也是心不在焉的；还有的下属选择性地倾听，他确实是在倾听，但自以为很了解领导，过分沉迷于自己所喜欢的话题，只关注倾听自己感兴趣的部分，而对自己不感兴趣的内容则全部忽略。这三种倾听都不能算作是真正意义上的倾听。倾听应该是细致而全面的，也就是认真仔细地倾听，千万不要遗漏领导话中的重点，否则听了也是白听。

总编正在交待工作任务："这本稿子其实是有人加工过的，但我觉得修改幅度比较小，等于没有修改，因此需要重新加工一下，我现在将原来的资料给你。"小张点点头，总编继续说："由于这个是名著，你不需要加入太多的内容，核心

思想是不能变的。"小张回答说："好的。"总编嘱咐道："行，那从明天开始，你就抓紧时间修改吧，改完一节给我看一下。"

第二天，小张将改好的一节交给总编，总编当即说："你昨天没认真听我说话吗？"小张吞吞吐吐："我认真听了。"总编有些生气："我让你只是把稿子改改说法，可你却把整个核心意思都改变了，纯粹变成你自己写的书了。你还说认真听我说话了？我发现你经常这样，平时不认真听我安排工作，下去之后就出错，这会给工作带来很大的麻烦，很浪费精力的，知道吗？就因为你昨天不认真听我说话，现在你的工作需要重新做一遍，而我也需要重新给你解释一遍，你能不能让我省点心啊！"

案例中，由于在倾听过程中遗漏了重要的内容，使得小张在工作中出现了疏漏，而总编又需要重新安排一遍工作。实际上这些情况都是小张没能够认真、全面地倾听领导说话造成的，结果既降低了工作效率，又搞得上下级之间气氛很不愉快。

与领导关系密切的下属会认为，不用听就知道领导要说什么，所以领导说话时不会集中注意力去听。但是，如果下属认真听了之后就会发现，其实自己还不是很了解领导，或者自己还有很多不了解的事情。不全面、仔细地倾听领导说话，你错失的不仅是话语中包含的信息，还有领导对你的信任。

金钥匙

细致全面地倾听也就是专注地倾听，全心全意地凝神倾听。当然，要专心倾听确实需要花费很多精力和耐力，因为这意味着你不仅需要从自己的角度出发考虑问题，而且在每句话进入大脑后仍需要仔细琢磨这是否是领导者的本意、真意。

第四节　领导向你抱怨，是对你的信任

虽然在很多时候我们并不提倡领导抱怨，但领导毕竟也是普通人，他们跟我们一样，心中也有许多烦恼。因此，他们也需要通过合理的途径发泄出去。就领导所处的位置来说，他每天考虑的事情比较繁杂，所做的任何一个决策都将关系到整个公司乃至集团员工的命运。每天紧绷绷地生活24小时，他们总有累的时候，酒后或者太累的时候，他们可能会小小地抱怨一下，这时作为下属，不妨学会做一个最忠诚的倾听者。

有时下属所面对的是"抱怨型"领导，他不是偶尔抱怨，而是天天抱怨，经常抱怨，抱怨几乎成了他日常的一部分。这样抱怨型的领导，在他的抱怨中肯定存在一些不符实际的情况。那作为下属该如何办呢？这时下属所应该做的就是做一个安静的倾听者，你只需要听就够了，别多说一句话，以免说错话。因为大部分的抱怨者所需要的仅仅是发泄内心的不快，他们甚至不需要别人的安慰，只需要有人在倾听就足够了。

张经理最近为公司融资的事情忙得焦头烂额，结果病倒在床上。秘书小李提着一篮水果去医院探望，张经理笑了笑，说道："谢谢你了，小李，公司最近没什么事情吧？"小李如实

汇报了公司的情况，张经理紧皱眉头："唉，最近事情真的很多，融资本来是公司计划中的事情，没想到临时出现了变故，现在这样的局面真令我头疼。"小李安慰说："张总，您就先养好身体，等您身体有劲了，说不定事情也有了好的发展呢。"

张经理笑了："小李可真会说话，真是一个值得信赖的朋友。我也只有在你面前抱怨几句，现在当个领导也不容易，看看哪个领导像我这样都病倒在医院了，事情也没解决好……"小李面带笑容，听着张经理的唠叨，眼里满是理解和尊重。

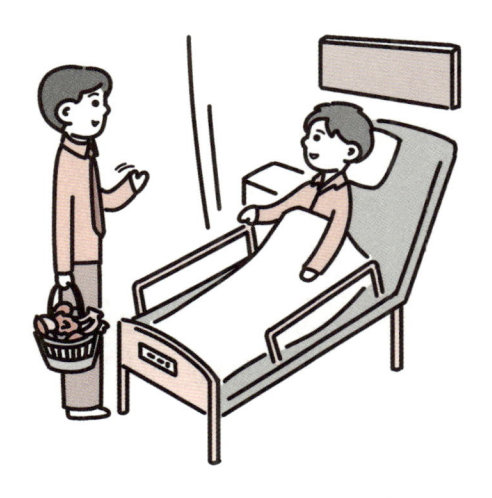

案例中，张经理为工作的事情病倒在床上，见到前来探望自己的下属，也不过是有感而发抱怨几句而已。对于领导这样的抱怨，下属可以适时安慰几句"事情肯定会顺利的""别担

心，问题一定会得到解决的"，以此来宽慰领导的心，你自然也可以算得上是称职的倾听者。

🔑 金钥匙

卡耐基说："一百次中有九十九次，没有人会责怪自己任何事，不论他错得多么离谱。我们用批评和指责的方式，并不能使别人产生永久的改变，反而会引起愤恨。不要责怪别人，要试着了解他们，试着明白他们为什么会那么做，这比批评更有益处，也更有意义得多。"领导的抱怨有可能是不妥当的，但作为下属，你只需要理解就行了。下属认真地倾听，或多或少会让领导者感觉心里有一些安慰。

第五节 领导愤怒时，先反思自己的工作是否做到位

在生活中，每个人都有发脾气的时候。通常来说，领导发脾气的概率是很小的，也就是说他们不经常发脾气。但下属也不要误以为领导就是没脾气的，领导生气也是很正常的，因此，如果

下属碰到这样的情况就需要打消心中的抵触情绪。领导也是人，领导也会有发火的时候。但领导发脾气并不针对任何人，他处于领导这个位置，他比任何人都要理智。因此可以说，领导发火往往与工作有关，他们常常有意无意地通过发火这样的手段去达到一定的目的。

许多下属在领导发火时会产生一些抵触情绪，心里总会想：领导是不是针对我呢？我这件事情明明做得不错，为什么还要这样说我呢？在抵触情绪的影响下，他们会为自己的过错寻找一些理由，从而向领导申诉，谁料领导尚未浇灭的怒火越来越高。其实，在领导发火时，下属火上浇油无疑是自讨苦吃。假如领导是针对工作中出现的错误而生气，那么下属应该主动承认错误，诚恳地道歉，以求息事宁人。大多数人都具有基本的素质，会做一个心平气和的倾听者，一旦领导气消了，那事情也就得到解决了。

两个人一起工作，领导在布置任务时没注意，将较多的工作量交给其中一个人去完成，而其余较少的工作量让剩下那个人完成，但工作要求是一样的，所给出的报酬也是一样的。

转眼到了验收工作成果的时候了，领导对工作量较少的下属所做的工作比较满意，而另外一位下属，估计是由于工作量太大，因而完成的结果不太令人满意。对此，领导大发雷霆：

"我在布置工作任务时就把工作的要求以及目的说得清清楚楚，结果你交上来的工作却令人很不满意，你可以去看看你的那位同事，他做得就比较好，你可以比较一下，看看你自己差在哪里。"

下属很不服气，当即反驳说："领导偏心嘛，我和同事同样的工作时间、同样的要求，但我的工作量却远远超过他的，即便是我没能达到您的要求，您也不能这样贬低我的工作能力啊。"领导一听，气不打一处来，大声说道："确实，工作量的事情是我没弄清楚就交给你们，但这是你工作粗心大意的借口吗？一说你工作有问题，就赌气说给你工作量太大？我看你根本不想好好工作，自己收拾东西辞职吧。"下属一听这话，站在那里一动也不动。

案例中，面对领导的批评，下属的回应带着抵触情绪，最终使情形变得越来越糟糕。其实，发火对一般人来说应该是需要控制的不良情绪，但对领导来说往往代表着一种权威，一种不容人侵犯的权威。

如果领导在安排工作时，其指令不能对下属产生心理震慑，就往往会影响其工作效率。按这样的推断，通常那些权力越大的领导，其脾气也往往越大。当然，这里所说的脾气通常是在理智控制下的"脾气"，而不是超越理智界限的脾气。

金钥匙

下属在与领导打交道时，必须正确对待和妥善处理领导发火的问题。作为下属，对待领导发火的正确态度是：只要领导不是有意侮辱你的人格，或故意找茬儿，你就应该学会忍让。尤其是当自己确实在工作中出现了差错，领导为此发火的时候，你更应该静心倾听，理解领导的良苦用心。假如领导在发火时，你觉得自己受到了委屈，也不应该当面顶撞和对抗，应该保持倾听的态度，你可以等领导平静之后再向其解释。

第六节　你要明白，领导说话的出发点是为了工作

许多下属觉得领导说话有偏见，似乎总是针对自己，其实这不过是下属的定势思维。领导说什么话，对谁说话，大部分都是为了工作，并非针对某个人而言。

对大多数的领导者来说，他们会尽量地制造一个"对事不对人"的管理环境，把事情和人情分开：人是人，事是事。在这样的情况下，领导不会因为人情而回避任何重要和难以处理的事情，但同时他会让下属知道，自己所做的一切都是为了工作，而不是针对某人。如果我们能够了解领导这样的心理，就应该更好地理解领导给予自己的批评，领导只是在为某件事没办好而生气，并非是在为难自己。与此同时，下属应该深刻地反思，自己是否真的在工作中犯了一些错误。虽然我们相信大多数领导者都是对事不对人的，但极少数的领导可能会因心胸狭隘而想故意为难你。

阿杰到新公司报到，赫然发现新上司竟然是昔日的情敌汪涛。阿杰觉得浑身上下很不自在，但汪经理却笑着打招呼："你好啊，以后工作多多努力哦。"阿杰虽然也是面带笑容，

但觉得对方好像笑里藏刀。

一个月之后，汪经理把阿杰叫到办公室，对他说："通过一个月的观察，我觉得你工作能力很不错，我想把老张负责的外企客户交给你，希望你能做好，如果你做得不行，那就表示我们公司不适合你。"外企客户？阿杰头脑中打了一个问号，这不是整我吗？明知道我英语不好，却让我接待外企客户，肯定是想逼我离开这个公司。汪经理好像看穿了阿杰的心思，他笑着说："我没有别的意思，是希望你能对这块业务熟悉熟悉，同时也可以学到很多东西。"

阿杰愤愤地走出公司，心想：你想赶我离开这个公司，我就偏要留在这里，给你好看。于是，阿杰花了大力气来学习英语和外企方面的知识。短短两个月，他就将外企这块业务做得

风生水起。在办公室里，汪经理对阿杰说："怎么样？现在工作不错吧，我早知道你有这个能力，所以给你一个发展的空间，你很快就会被派往总公司的外企部，希望你今后工作能够顺顺利利。"这时阿杰才明白过来了，原来汪经理当初只是想给自己一个发展的机会，并非报复自己。

作为下属，如果你认为领导说话总是针对自己，或者认为领导有偏见，那你首先应该反思自己是否对领导有偏见。大多数领导者说话、做事，无非都是为了解决问题，而不是为了制造问题。所以，作为下属，应该摒弃心中的偏见，理解领导在不同场合所说的不同的话。

金钥匙

领导交给一位优秀员工一件很重要的工作，但他没有按时完成。领导知道员工也很辛苦，这事按说不能全部怪这位员工。员工心里其实也很难受，毕竟交给自己的事情没办好。这时如果你作为领导，你怎么办呢？是批评他呢，还是不批评？

在这种情况下，领导者大多数会选择批评，因为领导本身就是对事不对人。他对下属从来没有任何偏见，而是在作出领导应有的姿态。对于下属答应完成的工作，如不能按时完成，理应批评，若就这样算了，那其他的下属定会觉得领导偏心，同时也会削弱领导的威信。所以，如果你是那位下属，应该对领导的行为予以充分的理解。

第七节　领导也是凡人，你不必紧张

　　对许多下属来说，最害怕的事情就是与领导打交道。在他们看来，领导似乎是一个特别威严而令人生畏的人物，即便是听到领导说话也会感觉很紧张。一旦听说要去领导办公室，下属的心里就是七上八下：到底出了什么事情呢？难道自己的工作又出现问题了？领导会不会狠狠地训斥我呢？会不会直接让我收拾东西回家呢？这样的紧张心理可以一直持续到领导说话结束，所造成的结果可能是，领导在一边说话，他在一边战战兢兢地站着。

　　作为下属，在倾听领导说话时需要表现出一种尊敬的态度，比如专心致志。我们需要明白一个事实：领导也是常人，他跟我们并没有什么不同。跟和我们一样的人说话，还有什么可害怕的呢？

在工作中，领导安排工作或者单独谈话，都需要我们认真倾听，有时明明是再普通不过的谈话，下属却如临大敌，紧张不已，甚至在领导面前紧张得手都不知道该放在哪里，全身发抖，只能胡乱地用"嗯""哦""好的"回应领导。

邓总编向来说话比较犀利，下属私底下称呼其为"犀利姐"。有时编辑的稿子出现了一些问题，她就会当场气得拍桌子："怎么回事？怎么搞成这样子，我看你的水平是越来越不行了，怎么，打算卷铺盖走人吗？"声音大得整个办公室的人都能听见，大家都怕了她，连一向喜欢说话的下属见了她也是半天不说一句话，不是不愿意说，而是不敢说。

最近来了一位新人小李，他态度比较诚恳，但写作水平一般。在同事的闲聊中，小李知道了总编的脾气，一直忐忑不安地等待着稿子的消息。终于，总编派人叫小李去办公室了，同事们都屏住了呼吸，打算听一场好戏。小李一进办公室，总编就没好气地说："我不找你，你就不知道找我？"小李面带微笑："我正不安地等着您的消息呢。"总编笑了，说道："我没那么可怕吧，我跟你说说，你最近采写的稿子的问题……"

领导也不过是普通人，就好像案例中的邓总编一样，他们也会开开玩笑。为了缓解紧张的心理，你在走入办公室见到领导的那一刻，不妨先承认："见到您，我心里非常紧张！"这时领导通常会说:"怕什么?我是老虎啊?我又不吃人。"领导或许会想:难道自己平日里很严肃?这样他就会表现出格外的热情和随和,即便你还是紧张,他也会因你的坦诚而平复怒火。此外,自己先承认紧张,并说了出来,就相当于放下了心理包袱,这样紧张情绪就会松弛下来。反之,你越不承认紧张,心里反而会越紧张。

金钥匙

倾听领导说话时下属所表现出来的紧张情绪,虽然不会带来什么大的影响,但是领导会以此来判断你的心理素质,那些太胆小、缺乏勇气的人是难以担当大任的。此外,紧张的心理,将会导致你不容易听明白领导所说的话,因为你的注意力全部都放在了担忧这件事情上了。因此,在倾听领导说话时,需要放松全身心,你应该明白,即便领导的职位再高,他不过也是一个普通人。

第 4 章

倾听不傻听，听出领导话语背后的弦外之音

第一节　为何领导会私下里批评下属

　　大多数领导都会采用私下批评的方式。一般而言，富于智慧的领导会尽量避免在公众场合批评下属，因为他们知道在会场或集体办公室批评某个下属，绝对不是明智之举。因此，他们通常采用的方式是让你到他的办公室，开场白则是"我需要与你谈一谈"，这时即便是再愚钝的下属也知道，领导将要针对自己工作中的某些问题进行教育和批评了。应该说，擅长私下批评的领导是考虑到了下属的处境的，如果在有其他同事在场的情况下，批评和责骂下属，那对下属来说是一件伤心的事情。道理很简单：当着那么多人的面批评下属，会让下属在同事面前的形象大打折扣。因此，领导私下批评下属时，其真正的用意是照顾到下属的面子，给下属一个主动改正错误的机会。

　　领导私下批评下属的用意，其实就是考虑到下属的面子以及让下属更易于接受自己的教育和批评。

这天中午，主编对新来的编辑小王说："你带着上次你写的稿子到我办公室来一趟。"小王有点忐忑不安，拿起桌上的稿子随主编去了办公室。

小王进门的时候，主编吩咐道："把门带上。"然后主编找了一个位置坐下了，同时吩咐小王："你也坐吧，别老是站着。"等到小王落座之后，主编说话了："前天你将稿子交给我，我当时仔细看了一下，但没做任何批注就给你了，你知道其中的原因吗？"小王低着头，低声说："我想是我的稿子不合格吧。"主编点点头，说："你猜对了，没给你做任何批注，那表示稿子存在的问题很大，其实早在我交给你工作任务的时候，就已经提醒过你，希望你认真看样稿，弄清楚稿子的具体要求，再着手去写，我发现你根本没有把我的话放在心上，完全是随心所欲地写了一篇稿子给我。"小王的头低得更低了，默默地听着主编的批评。

主编说着有点生气，但他及时地克制住了自己的情绪，喝了一口茶，才说："小王，我希望你明白，做编辑不是自己写小说，随心所欲写自己的，你需要按照我们的要求写，我不否认你的写作水平，但你要符合具体要求，我们才能采纳你的稿子，你明白吗？"小王红着脸，点点头，回答说："我明白了，我再仔细研究研究样稿，然后重新写一篇。"主编松了一口气:"嗯,你先去准备吧。"

案例中,主编的私下批评算是卓有成效的,因为小王最终明白了主编的意思,意识到了自己工作的失误。仔细研究主编对下属的批评,其实这不算批评,顶多算是一次比较严肃的谈话。主编言语适当,不偏不重,既表达了自己内心的想法,同时,小王意识到了自己的错误,也接受了主编的指导和教育。很多时候,领导私下批评下属,避开其他的同事,实际上是想给下属一个改过自新的机会。

金钥匙

领导在采取私下批评的方式时,他们会考虑到下属的处境,若是当众责备,非但收不到批评教育的效果,反而会让下属记恨在心。因此，他们会想办法将下属请到自己办公室，在两个人面对面的情况下，不管是责骂也好，还是轻言细语规劝也好，下属都是很容易接受的。换句话说，领导私下批评的真正用意不过是以最恰当的方式来达到教育、批评下属的目的。

第二节 赞扬，是对下属最积极正面的激励

在日常工作中，下属常常会受到领导的大力赞扬，即便是对一件很小的事情，领导也总是赞不绝口。当然，在这个过程中，下属的心里总是洋溢着幸福的满足感，因为自己的能力终于得到了肯定。那么，领导为什么如此喜欢赞扬下属呢？如果你仔细倾听领导赞扬的话，就可以猜出其中的端倪。领导赞扬下属，通常会说："工作做得不错，继续努力。"那几句赞美的话就是对下属工作努力的最好奖励，实际上也是最好的激励。领导之所以会大力赞赏下属，最关键的原因就是这些话很好地满足了下属的成就感，同时领导希望下属全身心地投入工作中，为自己效力。

领导的赞扬并不只是好听的几句话那么简单，它可以让下属为其全力效忠，这也是领导喜欢赞美下属的原因。

新来的员工时常迟到，工作不努力，以自我为中心，喜欢早退，在他上班的一个月期间，总是迟到早退，但他的直属领导却没说一句话。

在第二个月的某一天，不知道这位新员工是良心发现还是"太阳从西边出来了"，他竟然准时来上班了，这时站在门口的李经理看见了，用非常愉快的语气和他打招呼，然后对换上工作服的新员工说："谢谢你今天准时上班，我一直期待这一天。这段日子以来你的成绩很好，工作速度很快，如果你继续努力，一定会得优秀奖。我发现你才能出众，希望你发挥潜力。

不过，为了自己的前途，你更应该遵守纪律，认真努力。"

听了李经理的话，虽然他没有立刻改掉所有的缺点，但在遵守时间规定方面，几乎和从前判若两人。

可以毫不夸张地讲，领导的赞扬就好像一副催人奋进的良药，令那些不思进取的下属痛改前非。每个人都渴望得到重视，尤其是领导的重视，而领导恰恰懂得下属这样的心理。即便某些下属身上有再多的不足和缺点，智慧的领导也从来不吝啬自己的赞美之词，因为这样做，可以让下属改变自己，可以催动下属积极向上，这比任何实质性的奖励都要奏效。

金钥匙

在生活中，每个人都渴望来自他人的赞扬，而对下属来说，自己工作是否努力，只需要领导一句话即可。在工作中，即便付出再多的汗水和辛苦，只要能获得领导的一句称赞，都是值得的，好像那些曾经付出的汗水和辛苦没有白费，终于找到了它们存在的价值。领导当然深谙这样的道理，于是，他们更愿意不费力气地说几句赞扬的话，从而达到激励下属、鼓励下属的目的。

第三节　背后赞美，比正面赞美更易赢得人心

领导对下属的成绩进行赞扬时，经常会针对不同的场合、不同的对象使用不同的方法。有时领导会特别青睐"背后赞扬下属"，也就是我们常说的"间接赞扬"。间接赞扬是指当事人不在场时，领导在背后进行赞扬。这种方式的表扬，不管是在任何会议中还是私下对某个人说的，都能够很快传达到被赞扬者本人那里，从而加强赞扬本身的作用。它会使被赞扬者感到，领导是真诚地赞扬他的，并不是领导"当面说好话"，所以常常能够起到当众赞扬不能起到的积极作用。领导可以在找某个下属谈话的时候，对另外一个人进行赞扬，这样就会通过中间人把自己的赞扬传达给当事人。背后赞扬加强了赞扬本身的意义，这会让下属有意外之喜，甚至受宠若惊，从而将自己更多的热情投入工作中，挖掘出自己更多的潜力。

中午，莎莎拉着乔丽，神神秘秘地四周看了看，然后以一副很羡慕的表情对着乔丽说："唉，我可真羡慕你，领导经常表扬你。"乔丽一副丈二和尚摸不着头脑的样子，奇怪地问道："领导什么时候表扬过我了？我怀疑领导连正眼都没瞧

过我。"莎莎不相信地问:"是吗?那领导可是经常在我面前表扬你,说你工作踏实,态度认真,而且工作做得越来越好了。"乔丽有点不敢相信,原来领导在默默关注自己,她问道:"真的吗?"

莎莎一本正经地回答说:"是真的,我今天上午去交广告创意时,无意之中领导就提到你了,说你最近工作能力越来越强了,还让我向你学习呢。其实,这已经不是领导第一次当着我的面赞扬你了。以前他也说过,说你工作态度很诚恳,继续努力的话,将来是很有发展潜力的。你也知道,领导这个人说

话一向不怎么好听的,没想到却在背后称赞你,我真是羡慕死了。"乔丽笑着,心里真是说不出的喜悦,暗暗发誓一定要好好工作,争取做出好成绩,让领导看看。

如果有一天,下属从同事或别的领导那里听说,原来领导在背后如何如何表扬自己的,那估计下属的心里比吃了蜜还甜。领导背后称赞下属,从某种意义上说是手段而不是目的,这会让下属意识到领导对他的肯定和赞赏,从而达到激励下属的目的。

当然,如果领导是当着下属的面称赞别的同事,那这位下属估计需要仔细揣摩领导的话语了。比如,领导会说:"同事小王工作态度很诚恳,上次一个不合格的策划案,他硬是熬了两个通宵做好了交给我。"这时如果你作为传达话语给小王的中间人,就很有必要反思自己工作态度上是否出现了问题,因为领导这样说的用意在于,希望你向这位工作态度认真的同事好好学习。

金钥匙

下属工作是为了更好地生存和发展,他们有金钱和职位等方面的愿望,除此之外,下属更追求个人荣誉。在公司里,大部分人在岗位上都兢兢业业，每个下属都非常在乎领导对自己的评价。可以说，领导的赞扬是下属最需要的奖赏，尤其是充满真诚的赞扬。作为领导，自然知晓这些道理，因此他们更愿意侧面赞扬下属，由另外的同事传达自己的赞美之语，达到激励下属的目的。

第四节 谨慎对待"兜圈子"的领导，倾听领导的弦外之音

领导说话总是以含蓄委婉为主，如果一个领导总是直言直语，那会很容易在上下级之间制造出一些矛盾，因为直言不讳太伤人。反之，如果说话含蓄一点，不仅下属很容易接受，也能很好地传达自己的想法和主张。但有的领导说话含蓄到了令人猜不透其真实想法的地步，也就是很喜欢"兜圈子"，不表明自己的态度，这又是为什么呢？当下属向领导请示某项工作时，领导总是东绕西绕，说了半天也搞不清楚到底是可以执行还是不可以执行，这其实是领导惯用的"明哲保身"法。

领导既没有对下属所提出的意见进行评价，也不明确自己

的观点和主张，只是把决定权交给下属，让下属自己定夺。如果这件事情办好了，领导当然很高兴，觉得当初是自己决策正确；反之，如果这件事出了差错，那领导就没那么好说话，他反而会责备下属办事不力。如果仔细揣摩领导的心思，那就是：当初我只是想同意又没同意，不想同意又想同意，不好说同意，又不好说不同意，但总得说点什么，就只好说"你看着办吧"。一句"你看着办吧"，就将责任推得一干二净。

小郑熬了一个通宵，将一项工作计划整理了出来，打算拿给经理过目，争得经理的同意，到时候自己就可以在项目上大展身手了。

早上到了公司，小郑拿着文件夹就朝着经理的办公室跑去。正好在办公室门口碰到了来上班的经理，小郑打了招呼，就跟随经理进了办公室。经理问道："大清早的，你是来交昨天给我说的那个工作计划吗？"小郑点点头，将手中的文件夹交给经理。经理将文件放在办公桌上，示意小郑先坐下来。

经理落座之后，拿着文件粗略地看了一看，说道："这个计划不错，很符合你的工作风格，我看了一下，跟你昨晚跟我口述的差不多，拿咱们公司来说，其实业务上是需要多方面革新的，你这个想法算是新颖的，最近工作状态怎么样？还好吧。"小郑点点头，回答说："感觉还可以，就是希望经理能支持支持我。"经理笑了,回答说:"我是你的领导,怎么会不支持你的工作呢?你来到公司两年多了,你的努力大家都看到了,可以说,你是一个不可多得的优秀员工啊……"经理说了半天,也没提到正题,小郑也不好意思打断经理的话,只好等他继续说。

大概半个小时以后,经理委婉地下了逐客令:"我马上有一个会议要开,你先下去忙别的工作吧。"小郑低声问道:"那工作计划的事情呢?"经理恍然大悟:"哦,这件事,我差点忘记了,这样你先斟酌着办,凡事你权衡着就行。"什么叫斟酌着办呢?怎么权衡?小郑摸不着头脑了。

很多时候,领导说话总是绕来绕去,给出的意见模糊不清,根本没有一个明确的态度。这表示领导根本不愿意处理此类的事

情，别看他什么意见都没说，但其实想说的已经很明白了。领导的用意是我已经知道了这件事，我并非有意地置身事外，但这其中的利害关系，我一点也不想沾边。如果下属遇到领导如此的态度，那就应该谨慎行事了。即便领导交代你"看着办"，下属也需要仔细权衡，千万不要擅自做主，办错了事情。

金钥匙

当一个人说话在不停地"兜圈子"，但他又不明确地表明态度时，那意味着他根本不想对此事发表任何看法。之所以还在这里与你说话，那也只是不想当面拒绝你。对此，下属要善于倾听领导的话里之音，领悟话语背后的含义，识趣地打消有悖于领导想法的念头。

第五节　如何理解领导对你提出的建议

领导在安排工作时，经常会说这样一句话："对这个工作，我提出几点建议……当然，这也只是我个人的建议而已，你们可以按照自己的想法去办。"估计大多数的下属都听过这样的话，而且下属们按照这样的要求去做了。结果却是真的按照自己的想法去做了，领导只是微笑着点点头，虽然没有半点不满意，但敏锐的下属可以感受到领导其实有那么一点儿失落。实际上，大多数下属都误解了领导提出建议真正的含义，他们忽略了领导提出建议的潜台词。

早上，办公室主任在给几位下属安排工作，只见他说："小王你负责文件的打印、整理工作，领导需要什么样的文件，什么时候需要，你应该及时地记住，然后按时完成工作；小李负责财务这一块，每个月计算出员工的工资，做到不徇私，无错误，以公正为重，到了月底，若是有员工没及时地领取工资，你可以打电话通知，但是记住，工资必须要亲自交到对方手上……虽然之前这个月的工作进行得不错，但还是出现了几个问题，针对这几个问题，我提出几点建议，你们可以借鉴，也可以依旧按照自己的工作方式进行，第一点就是财务这块……"

等到办公室主任出去之后，几位下属议论了起来："主任所提出的那些建议太麻烦了，我还是按照自己以前的工作模式进行，这样比较省事。""可这样，主任会不会生气啊，毕竟是他向咱们提出的建议。""怎么会呢？你忘记了，他说过的只是他的个人建议，又不是强行要求咱们这样去做，没事的，放心吧。"

第二个月工作下来，主任在检查工作时发现，除了财务部按照自己的建议工作以外，其他人都是各做各的，对此，主任对财务部的工作进行了一番大力表扬。

当领导只是委婉地说："对这个工作，我提出几点建议。"实际上，他的潜台词就是"我希望你们能够按照我说的去做，这样对你们是很有好处的"。下属千万不要只听懂了"这只是我的个人建议，你们也可以按照自己的想法去做"，因为领导的言外之意是希望下属能够放弃自己原来的做法，从而按照自己的意旨办事。如果有下属真的这样做了，领导会觉得原来自己的想法还是颇受下属重视的，尤其是当自己的意愿得到了成功的实践，领导会更加高兴下属作了明智的决定。

> **金钥匙**
>
> 大多数领导都希望所有的下属都能服从自己的命令。对某些工作的安排和部署,领导者往往会有他自己的意见,如果他不想表现得过于强势,而只是以"提出建议"的方式说出自己的主张,那懂得倾听的下属就应该领会到其话语里的潜台词,不妨尝试着按照领导的建议去办,这样会让你获得领导的赏识。

第六节　用情管理,表达关切之情打动对方

在平时工作中,领导经常会关心下属,嘘寒问暖,这是领导管理的一种手段。当然,我们不能因此就说领导对下属嘘寒问暖是假惺惺的,甚至怀着不可告人的目的。实际上,领导关心下属,以情打动下属,目的不外乎有两个:一是令下属感受到领导的关怀,缩短与下属之间的距离;二是希望下属能因感激而全身心投入工作,也就是以情管理下属。

以情动人,确实是领导管理下属的最好方法。当鸡蛋掉在

石头上时，很容易破碎；当皮球掉在石头上时，它会弹起而保持完好无损。为什么会出现这么大的反差？是因为皮球对强大的外力能以柔韧化之，鸡蛋却不能，所以才有"以卵击石，自不量力"的说法，其中蕴含的就是以柔克刚、以情动人的道理。即便是一个默默无名的下属，若是感受到了领导的关切之情，也会奋起全身的力量，投入实际工作中，以报领导的恩情。

中山国国君宴请臣子，有个大夫司马子期在座，只有他未分得羊肉羹。司马子期一怒之下劝说楚王攻打中山国。中山君被迫逃走，这时他发现，有两个人拿着戈跟在他后面，寸步不离地保护他。中山君回头问这两个人："你们是干什么的？"两人回答说："我们奉父亲之命誓死保护大王。"

中山君很奇怪，问道："你们的父亲是谁？"两人回答说："大王您可能忘记了，我们的父亲有一次快饿死了，您把一碗饭给他吃，救活了他。父亲临终时嘱咐我们：'中山君如果有难，你们一定要尽全力保护他。'所以我们拼死来保护您。"

中山君感慨地仰天而叹："给予，不在于多少，而在于当别人困难时；怨恨，不在于深浅，而在于恰恰损害了别人的心。我因为一杯羊肉羹而逃亡国外，也因一碗饭得到两个愿意为自己效力的勇士。"

中山君的那一声感叹说明了一个极为深刻的道理：对一位处在困境中的人嘘寒问暖所发挥的作用，远远胜过对衣食温饱的人的关切之情。因此，领导在平时的工作中，对于那些处于困境的下属更得细心关怀，一是出于道义，二是可以让下属心甘情愿地为自己效力。

金钥匙

人都是有情感的，情感是每个人都存在的一种心理活动，正是由于人们都有情感，才产生了人与人之间的相互影响和交流。人的许多行为都是在情感的支配和影响下产生的，情感也起着重要的桥梁作用，它可以促进上下级之间的交流。说得更明白一点，领导关切下属的潜在目的就是希望以情打动下属，让其心甘情愿为自己效力。当然，这并不是说领导的关切是虚情假意的，我们更应该明白，只有真情才可以换得真情。也就是说，领导只有以真情，才能真正地换得下属全身心的付出。

第七节　先扬后抑，是领导者惯用的说话方式

下属与领导构成了人际关系的重要一环，下属与领导的关系是否融洽，领导往往起着主导作用。毫不夸张地说，下属与领导经常处于矛盾之中，如果想化解这样的矛盾，说话则是必不可少的手段。对此，通常领导在对下属进行批评时，会采用先扬后抑的说话策略。作为领导，对待下属当然是以表扬为主，这样才能最大限度地调动下属的积极性和创造性。不过，必要的批评也是必不可少的。领导的批评可以使下属深思、自责，从而振奋精神，以更饱满的热情投入工作中。领导者也正是考虑到这样一些问题，因此，他们在批评下属的时候，通常会采取先扬后抑的策略，先抬高下属，唤起他工作的积极性和热情；后面批评下属，触动其自尊，挖掘其潜力，从而达到批评的最佳效果。

卡耐基曾说："当我们听到别人对我们的某些长处表示赞赏后，再听他的批评，我们的心里往往会好受得多。"领导者将这样一种心理策略运用到批评里，发现这确实是一个行之有效的方法。领导在批评下属时，不想将下属"一棍子打死"，

他们深知批评下属的目的是引导其改正错误，因此先肯定后否定，在肯定的基础上局部否定，这样可以很好地照顾到下属的自尊心，这是一种很好的办法。

查尔斯·斯科尔特管理着美国钢铁公司的一家钢铁厂。当时正是中午，他看见几位工人正在抽烟，而在他们的头上正好有一个大牌子，上面写着"禁止吸烟"。如果斯科尔特是一个平庸的领导者，他会怎么做呢？可能会走上前去，指着那个大牌子说："你们不识字吗？"许多缺乏智慧的管理者都会采取这样的方法。

但是，斯科尔特才不会这样说。他是这样做的：他走向那些人，递给他们每个人一根雪茄，然后说："各位，如果你们可以到外面去抽这些雪茄，我将感激不尽。"工人们立即意识到自己违反了公司的规定，同时，他们也更加敬重斯科尔特了。

试想，如果你作为一名下属，有幸遇到了斯科尔特这样的总经理，看到你违反了公司规定，却还送给你小礼物，而且对你很有礼貌，让你受到尊重，你会不会甘愿承认自己的错误呢？其实，这正是领导者的高明之处。

一个高明的领导者总是在批评之前先肯定下属的成绩，然后再真诚地指出他存在的不足。而有的领导者讲话时说："我对你很是失望。"下属被批评后，第一感觉就是领导已经不重视自己了。如果此时我们换一种方式来处理，比如，你可以这样表达："你做事向来都是很积极的，从来都是按时完成的，这次突然出现了这样的问题，一定有别的原因吧，我很重视这件事情。"此时再让他回答，双方或许能够更好地解决问题。

金钥匙

通常情况下，擅长先扬后抑说话策略的领导者在批评下属之前，都喜欢进行一番自我批评。比如，在批评下属之前，自己先承担一定的责任，"是我没有把握全局，这件事我也有一定的责任"，规劝比较年轻的下属时，"我当年也犯过这样的错误"，表述自己当初也曾"年轻过"。大量事实证明，领导批评下属时采用"先扬后抑"的方法，比起标榜自己决策"一贯正确"，通常更容易被下属接受，也更容易树立起自己的威信和亲民形象。

第 5 章

修炼语言表达能力，把话说到他人心里能为你铸就美好前程

第一节　谦逊表达，赢得他人好感

在日常工作中我们发现，那些说话谦逊有礼的下属很容易获得领导的喜欢，而那些言语激烈的人却难以得到领导的喜欢。究其原因，前者所使用的是"以退为进"的方法，在领导面前表现得格外谦虚，以此赢得对方的好感，自然领导就会认可自己了；而后者太急于表现自己，说话大大咧咧，不够谦逊，经常给人带刺的感觉，这样的人反而会惹人讨厌。尤其是对领导来说，这种感觉会更强烈。

在每个领导者内心深处，都有着强烈的自我肯定的需要，他们渴望被人敬仰，被人尊重。在这样的情况下，如果下属说话缺乏礼貌，就会让领导者感觉不到尊重，同时他会觉得自己在下属面前失去了面子。这样一来，他根本不可能对这样的下属产生好感。

小卓和小万是大学时代的好朋友，她们一起进了同一家公司，并应聘到同一个部门。小卓的性格有点内向，无论是说话做事都谦和有度，彬彬有礼，而且，她经常大方地向领导承认"这个我不太懂，特向您请教一二""做这个方案需要注意些什么问题呢？您先给我讲讲吧，以免我做错了"。小卓如此勇于承认自己的劣势，深得上司的喜欢。小万在大学时期是学生会的主席，难免会带点自恃雄才的态度，而且她长相又很漂亮，所以她更觉得自己是个优秀的人才，她总说"这有什么难的，我三两下就搞定了""在这个世界上，就没有我干不成的事情"，但这样的她在公司里几乎没有一个可以信赖的朋友，反而给自己树立了不少竞争对手。

有一次，公司进行新一轮的人事变动，小卓和小万所在部门的主管需要提携一个得力的助手。主管为了显示出公平，决定使用提名和主动竞聘两种方式。会议一开始，小万就迫不及待地开了头："我想来竞聘这个职位，因为我觉得自己各方面都比较优秀，我在大学时期是学生会干部，这让我积累了不少与人交往的实际经验……"当她在台上侃侃而谈时，主管的脸色有些变了，小万却置若罔闻，依然讲得津津有味。轮到小卓发言了，只见她说："承蒙大家厚爱了，我觉得自己身上还有很多地方不足，担当不起这样的重任。"刚说完，主管就带头鼓起掌来。

结束发言的时候，主管这样说道："我觉得小卓挺不错的，谦和有度，在工作中，她能虚心请教，什么时候都面带笑容，做事也很认真，但从来不张扬，当然具体提谁来做这个助手，最后的结果还需要在下周一会议上宣布……"其实，主管话里是有玄机的。

果不其然，最后的宣布结果是：小卓被任命为部门助理。

谦和有礼的小卓和张狂不羁的小万形成了鲜明的对比，在领导面前承认自己劣势的小卓让主管有一种优越感，而且小卓说话总是谦逊有礼，时不时总是向主管请教，这让主管感觉到她是一个好学的人。这样一来，主管能不对她产生好感吗？相反，小万的自恃雄才让身边的领导感到了威胁，不知不觉地就对她产生了厌恶。

金钥匙

在中国历史上,多少能力卓越的下属毁掉了前途,甚至丢掉了性命,究其原因,都是他们太过于暴露自己的能力,说话没大没小,不把领导放在眼里。所以,作为下属,在领导面前,一定要保持下属应有的谦逊姿态,说话谦虚谨慎,处处显礼仪,这样你才能得到领导的赏识与称赞。

第二节 领导都要面子,不可言语冲撞

工作多年的人总有这样的感受:对领导的服从应该是无条件的,但时间长了还是会倦怠,稍有不慎就会有顶撞领导的念头产生。而公司里的那些老同事,他们或许都有过顶撞领导、违背领导命令的经历,但在平时都能够很好地与领导相处。实际上,对领导的"服从"是很有技巧性的。下属每次与领导接触时,内心都有想顶撞领导的想法,但理智告诉我们,绝不可以抗拒,而是需要以宽阔的胸怀巧妙地服从。当你理智地执行了领导安排下来的工作,不仅维护了领导的尊严,而且暂时的忍耐还会铸就我们明日的成功。

这天办公室进行办公环境卫生大检查，查到了下属小李工位下面摆放着许多杂物，但其实是其他部门的同事堆放的。张经理得知行政部被通报批评后，十分生气。回到部门后，当着大家的面，对小李进行了批评："人家行政通知了那么久，怎么就你特殊啊，那些东西挪一挪需要费时间吗？害得我们大家都被通报，丢不丢人啊，赶紧收拾啊！"小李觉得冤枉，大声对经理说："您调查一下啊，这又不是我的，凭什么通报我啊！"经理生气地吼道："不是你的怎么通报你？"小李顶撞领导："真的不是我的……"

其实，小李喜欢顶撞领导不是一次两次了。之前有一次，公司举办了一场招商说明会，老客户、新联系的客户都来了。这时有几个客户向张经理抱怨说："宾馆的环境太差了，有的

还是三个人一间房，太不像话了。"张经理一面道歉，一面叫来旁边的小李说："小李，下次一定要注意，说了多少次了，绝对不能怠慢客户。"小李却顶撞说："张经理，又不全是我订的，再说，宾馆那边也没告知我详细情况……"张经理脸色很难看，说道："行了，别说了，下次一定要安排好！"

每个人都有被尊重和被认可的需求，特别是领导，再大度的领导也无法忍受下属的当面顶撞。某些时候，领导的生气和责骂可能出于多种原因，比如给外人做样子、仅仅是表达内心的情绪、显示自己的权威等，并不是真的针对某个下属。在前一个案例中，小李应该先把工位台下的东西收拾好，再私下给张经理解释情况，像案例中这样直接顶撞，会让领导有下不来台、有损威严的感觉。在后面那个场景中，张经理叫小李过来，无非是进行危机公关，这时需要小李配合一下，消消客户的怨气，缓解一下气氛，对小李来说，于公于私都应该顺从领导，才能在领导面前留下好印象。

金钥匙

任何一位下属都知道"服从第一"，但服从不等于盲从，一定要理智服从。理智服从其实就是一种职场策略。如果你是一位善于沟通的下属，在与领导沟通的过程中，正确的方法不是无视领导而是认真地去执行领导所下达的指令，并在执行过程中妥善地弥补领导的失误，在服从中显示出自己不凡的智慧，这样你才能受到领导的重视和认可。

第三节　表达时思路清晰，让上司看到你的能力

一个人的语言表达能力还包括表达是否流畅。在领导面前流畅地表达才能让其感受到你清晰的思路。如果一个人的表达不够流畅，那说明其思维不够清晰，因为思想决定说话的内容和方式，也就是思维的清晰度决定着语言表达的顺畅度。若这个人思维不够清晰，那相应地，他在进行语言表达时就会模糊不清，支支吾吾。因此，当下属在说话时，领导也在注意你说话是否流畅，以此来推断你的思路是否清晰。对此，作为下属，应该努力提高自己的语言表达能力，做到流畅表达，让领导感受到自己清晰的思路。

通常一个有着清晰思路的人，他在开口说话之前就已经经过了一番思考，先说什么，后说什么，哪些该说，哪些不该

说,哪些要重点说,哪些只是简要地说,等等。在他们大脑中,似乎有一张关于说话的结构图。这样一来,到具体场合说话时,他们就能比较流畅地来进行语言表达,并且在整个表达过程中,不卡壳、不重复、不啰唆。如果你说话逻辑乱七八糟,语气吞吞吐吐,领导就会给你贴上"思维不够清晰"的标签。

在公司周一例会上,王小武作为职工代表发表讲话:"各位领导,各位同事,大家早上好!我现在向大家汇报上周的工作情况。上个星期,生产部门出现了一些问题,有款最近研发的新产品出现了质量问题,相应地,质监部门也出现了这样的错误,呃,应该是说监督不严的失误,因此导致了大批有质量问题的产品流向了市场,给我们公司造成了不良的影响……对上周的工作,我想总结几点,呃,对了,刚才忘记了说,有质量问题的产品流向了市场,作为公司最后一个关口的销售部也需要担负一定的责任,呃,刚才说到了总结几点的问题,第一,就是在今后的工作中,我们应将质量问题当作重中之重,像上周那样的错误,我们需要避免再次发生;第二是,呃……第二就是希望咱们能在今后的一周中做好各方面的准备工作,就这样,我的发言结束了。"说完,他窘迫地坐了下来。

在场的总经理开玩笑:"我以为还有第三点呢。"大家都笑了起来，总经理继续说道："你在总结工作时，表述不够流畅，东一句，西一句，看来你在说话之前并没有整理好思路。如果你想提高自己的语言表达能力，就应该先理清自己的思路，这样无论对你工作还是说话，都是很有帮助的。"王小武红着脸，点点头。

在案例中，我们仔细分析王小武的发言，会发现在其话语中总是出现"呃"这样不知所云的语气词，还有"对了，刚才忘记说了""呃，第二点就是"这样的模糊措辞。我们可以清楚地听出，他在说话之前基本没理清思路，想到哪里说到哪里，结果说完了前面的，才发现自己还有一部分没说，他又顺便在后面加上，东拼西凑，思维混乱。

金钥匙

在进行语言表达时,为了保持表述的流畅性,我们需要三思而后说,思考好了怎么说,再开口说话。这样的表达很顺畅,让人一听就懂。同时,领导也可以从中发现原来你的思路蛮清晰的。作为下属,在平时的工作中应该随时注意自己的语言表达,保持清晰的思路,努力提高自己的语言表达水平,加强与领导的沟通。

第四节　真诚表达,与上级沟通不可耍小心眼

如果彼此互相理解,就可以提高知觉的精确性并促进沟通的效果。对此,我们在与领导沟通时,应使用真挚诚恳的语言,以此打动领导的内心。在平时的工作中,上下级之间的沟通往往会出现一些问题,这是无法避免的,就好像我们避免不了沟通一样。但我们都知道,真挚、诚恳是人际关系中的重要元素,同时,也是促进沟通渠道畅通的有效保证。在任何时候,真挚、诚恳的语言都是最受用的,也是最容易打动人的。

真挚诚恳是沟通的基础，无论对说话者还是听话者来说，这都是至关重要的。说话的魅力，并不在于你说得多么流畅，多么滔滔不绝，而在于是否表达出了内心的真挚和诚恳。在工作中，下属在与领导的沟通过程中，要注意语言的美丽源于真挚，与领导打交道，更是贵在诚恳。

小王是一位推销员，在推销的过程中，他遇到了许多冷言冷语的经理或董事长，但小王都以自己真挚而诚恳的话语打动了对方，最终做成了生意。

有一次，他遇到了一位砍价功力比较厉害的经理，这时小王使出了自己的杀手锏，他真挚而诚恳地说："我们工厂只是一家小作坊，这大热天的，工人们在炽热的铁板上加工制作产

品，汗流浃背，他们该多辛苦啊，但是，一想到客户，他们依旧努力工作，好不容易制造出了这些产品。为了对得起这些辛苦的工人，我们还是按照正常的利润计算方法，你看如何？"没想到，这样的话竟然把那位能说会道的经理打动了，最终按小王所提出的价格购买了产品。

白居易曾说："动人心者莫先乎于情。"隐藏在话语里的至真至诚往往能使"快者掀髯，愤者扼腕，悲者掩泣，羡者色飞"。把话说得漂亮，容易打动人心，并不在于华丽辞藻的堆砌，而是话语里蕴含的真挚、诚恳。说话如果只求外表漂亮，而缺乏其中的真挚和诚恳，那么，它所开出的只能是无果之花，或许它只能欺骗别人的耳朵，却难以打动别人的心。

金钥匙

美国总统林肯曾说："一滴蜂蜜要比一加仑胆汁能吸引更多的苍蝇。人也是如此，如果你想赢得人心，首先就要让他相信你是他最真诚的朋友。"用真挚而诚恳的话语打动领导的心，这本来就是上下级之间的最佳沟通方式。

第五节　勇敢表达，相信自己的语言能力

爱默生曾说："自信是成功的第一秘诀，谁相信自己的能力，谁就能征服世界。如果做一件连自己都不信能成功的事，那么失败的结局在所难免。"在日常工作中，我们不仅需要对自己有自信，还需要学会使用自信的表达方式，这会让领导感觉到，你是很有想法的人。但在实际工作中，许多下属在与领导说话时总是一副支支吾吾的样子，不敢肯定自己，不敢表现自己，语言表达既胆怯又杂乱无章，领导通过下属这样的表达就深知他内心的平庸与恐惧。真正自信的人，他的自信是由内而外散发出来的，从气质到动作，从打扮到说话方式都是自信的。作为下属，不仅需要建立内在的自信，更需要以自信的表达方式赢得领导的赏识与肯定。

在一次面试中，人事部经理看到这样一个女孩，当他问道："你只不过是一个专科生，怎么会到我们这样的大企业来面试呢？"那女孩一点儿也不胆怯，而是自信地说："我相信机会都是自己争取来的，而我对自己很有信心。"经理看了看那张年轻的笑脸，嘴里竟说不出拒绝的字眼，他继续问道："可是，你所学的专业是计算机，而我们所需要的是销售人

员，如此截然不同的两个专业，你怎么保证你能胜任这份工作呢？"女孩坦率地说："虽然计算机和销售是两个不同的专业，但是，学计算机的也需要与人打交道，而这恰恰是销售人员所需要的能力。而且，我从来不否认自己在与人沟通方面有过人的能力。"

最后的结局是可想而知的，这位女孩被录取了。

虽然在有些方面她的条件不如一起前来面试的人，但是，女孩自信的表达却是无人可比的。她自信的表达，让人事部的经理觉得：这个女孩是有想法的人。此外，在工作中，那些对自己充满自信的人身上有着一种非凡的魅力：神采奕奕，精神百倍。这样的精神状态会直接融入其说话方式中，从而达到打动领导的目的。

> 🔑 **金钥匙**

在工作中，可以在领导面前自信表达的下属毕竟是少数，有的下属很有想法，但他担心把想法说出来会被人笑话，或者不被领导赞同。因此，他不敢自信地表达出内心的想法。这样一来，领导对他的印象就只会留下"平庸"二字。所以，作为下属，要敢于自信地在领导面前表达内心的想法，让领导感觉到你是一个有想法的人。

第六节　职场懂点沟通心理学，更易被认可

在职场中，言语表达能力较强的员工通常会比表达能力一般的员工更容易获得领导的认可，因为言语表达能力在一定程度上能体现下属思维敏捷、知识面广、心理素质良好等特征，能衡量下属是否具备工作能力，从而影响领导对下属综合素质的判断。一般而言，我们常说某某语言表达能力强，其实是指其能清楚地理解别人的意思，口齿清晰、流畅；表达内容有条理，逻辑性强，很容易被他人理解，而且话语具有一定的说服

力，用词准确恰当有分寸。

小严是一位沉默寡言的人，他不善言辞，但他当时是顶着知名学府的光环进了这家公司，因此，无论是领导还是下属都对其客气有加。果然，不到三个月，小严在工作中就展现了出色的才能，不过，很快他发现自己与领导相处好像出现了问题：虽然自己努力工作，把各方面的事情都做得很完美，但自己的工作并没有得到领导的充分肯定和鼓励，反而招来了领导的质疑和不信任。

小严本身是一个踏实的人，他觉得没有必要去在意领导的态度，自己只要努力工作，总有一天会得到领导的赏识。于是，他更加拼命地工作，半年后又取得了显著的成绩。这时领导不再沉默了，令人意外的是，领导与小严进行了一次严肃的谈话。领导开门见山："小严，你刚到咱们公司时，我就很看好你，因为你很有能力，而且做事很认真。但是在这里我不得不向你提出几点建议，其中最重要的就是你语言表达能力比较差，跟我这个主管领导之间缺乏沟通。比如你很少主动进我的办公室，跟我聊聊工作方面的情况。"

小严有些不理解，既然我是来工作的，只要你把工作任务交给我就行了，为什么我还要不停地与你沟通呢？沟通真的那么重要吗？领导似乎看出了小严的心思，他笑着说："沟通确实很重要，你不跟我沟通，我怎么知道你心里在想什么呢？我怎么知道你最近工作得怎么样呢？你看看，在你身边的同事，谁比得上你的工作能力，但他们善于与领导沟通，因此即便他们比你晚进公司，但升职都比你快，这就是原因。"听了领导的一番话，小严好像突然领悟了，原来不善言辞也会影响自己的前途。

  有的下属总会抱怨：为什么出汗最多的是我，最辛苦的是我，但评优、加薪、升职却与我无关呢？如果你在工作各方面真的做得很不错的话，那你应该思考自己与领导的沟通是否出现了问题。在职场中，如果你本身能力不错，再加上能说会道的本事，那你肯定会快速受到领导的赏识和重用。

  大部分下属由于欠缺表达能力而迟迟得不到晋升，有的下属即便是因为工作能力强而得到晋升，但若是想继续晋升还是不容易，其原因就是语言表达能力差。

金钥匙

在职场中，有许多下属不善于与领导沟通，甚至畏惧和领导沟通。虽然自己与领导关系还不错，彼此之间没什么矛盾，即便下属也清楚彼此之间的沟通很重要，但在工作中还是会害怕与领导沟通，总是尽力减少沟通的内容和频次。究其原因就是他们的语言表达能力较差。对此，每一位下属都应该记住，语言表达能力是一项重要的技能，而在与领导的交流中，你更需要不断地提高自己的这项技能，这样才更容易获得领导的认可和赏识。

第七节　把控语言礼仪，不要开口就冒犯他人

许多员工善于言谈，却不是那么会说话，给人的感觉总是很别扭，使人人唯恐避之不及，究其原因，就在于说话时少了

礼貌的措辞。实际上，在日常工作中，说话礼貌是十分必要的，它是一个人素质的直接体现，也是赢得领导赏识的先决条件。有的下属说话不够礼貌，不仅令领导内心产生厌恶感，而且最终会导致彼此之间的沟通失败。作为下属，应该记住，尊重领导其实就是尊重自己，无论我们在办公室扮演什么角色，有着什么样的身份，礼貌一直是维持我们与领导间互动的基础。

语言本是思想的衣裳，它可以直接表现出一个人的高雅或粗俗。同时，语言交流是一种心灵沟通，要想让自己与领导之间的沟通畅通无阻，就应该得体地运用礼貌措辞，这样才会让领导感到"良言一句"的温暖，使自己与领导之间的感情融洽起来。

汪静上班第一天，竟然在公司大门口遇到了总经理。虽然汪静不认识总经理，但看到周围的人都和总经理打招呼，她也礼貌地说："总经理，您好！"总经理面带微笑，还稍微欠身低头，细心的汪静发现原来总经理也是一个很有礼貌的人。

汪静到了办公室以后，按照人事部门的要求，需要先向总经理报到，然后由总经理安排具体工作事宜。走到总经理办公室的门口，汪静用手轻轻叩了三下，里面传来总经理的声音："请进！"汪静轻轻推开门，面带微笑，说道："您好，总经理，我是新员工汪静，今天特向您报到。"言语很有礼貌，总经理放下手中文件,赞许地微微点点头,然后开始为汪静安排具体工作。

何谓礼貌措辞?其实就是我们日常交际中所使用的"敬语"与"谦词",这些口语表达可以体现出对他人的尊重,诸如"请教""劳心""费心"等。如果你能在日常工作中使用这些谦词和敬语,礼貌地与领导沟通,那领导肯定会愿意与你接触,甚至愿意与你建立友好和谐的关系。

如何才能礼貌地进行语言表达呢?礼节性语言"早上好,您好",告别语"再见",致谢语"谢谢",致歉语"对不起",回敬语"没关系""不要紧"等都可以很好地体现下属的内涵和修养。

金钥匙

　　在工作中，下属与领导沟通，需要注意自己的态度和语气，礼貌交流，不要一张嘴就滔滔不绝，不给领导说话的机会，以自我为中心，完全不顾领导的感受。与领导交谈时，下属表情要自然，语气要和气亲切，表达得体，说话时可以适当做些手势，但动作不宜过大，不要手舞足蹈，更不要用手指指向领导。此外，与领导交谈要使用礼貌语言，如果与领导之间存在着意见上的分歧，不要高声辩论，更不要与领导当场争辩，要以自己的礼貌表达给领导留下最佳印象。

第 6 章

因人制宜，对不同类型的说话者用不同的倾听策略

第一节　说者爱打击人，你只需记住有利于你的部分就好

在现实工作中，我们经常会遇到"毒舌"类型的领导，他总是喜欢"鸡蛋里面挑骨头"，无论下属的工作做得有多么完美，他都会百般挑剔，所说的话句句犀利，有某些脸皮比较薄的下属可能会被说哭，甚至会有辞职的想法。其实，对于这样的领导，还是有独特的倾听方式的。作为下属，面对这样的领导，当他在数落你的时候，需要端正自己良好的心态，不要太介意他的批评和打击。此外，有些领导太过挑剔，可能并不是其本意，他也只是为了工作考虑，有可能下属某些工作真的做得不够好。当然，说话太犀利是有点让人难以接受，但所谓没有打击就没有动力，作为下属不要太在意领导话语中的犀利词语，而是学会辨其话语中的忠言，改正自己，争取将工作做得更完美。

办公室经常讨论的话题就是"毒舌"领导，同事们经常会

感叹:"毒舌领导,你让我的自尊何处安放。"有的同事直言不讳:"我已经到了崩溃的边缘。"另外一位深受其害的下属也表示:"士可杀,不可辱,事不过三,再有一次类似的情况我坚决跳楼,不,跳槽!"原来,领导是一个喜欢打击人的"毒舌",不管下属是犯点小错误,还是对于自己看不顺眼的小事,领导都会打击、调侃一番,而且那些语言十分苛刻犀利。

这不,刚刚毕业的小雨就遭遇了"毒舌"领导的打击。小雨本身是成都人,想在重庆找工作。对于这样如此平常的事情,领导也问:"你是成都人,为什么要到重庆找工作呢,成都不也有很多公司吗?"还好小雨并没有在意领导话语的犀利,而是真诚地回答:"因为我妈妈就是重庆人,我特别想回重庆工作,也希望给老家贡献一份微薄的力量。"似乎对这样的回答还算满意,领导就没再说话了。

不过,才上班不到一个月,小雨更是见识到了同事所说的"毒舌"。前不久小雨接待一个客户,由于自己准备不充分,让本来已经决定签单的客户变得犹豫起来,虽然最终还是拿下了订单,但领导却较上了劲:"你这么大个人,除了吃饭还会做什么?"小雨差点委屈地哭了,但她更明白,领导这样说话并不是真的贬低自己,而是以挑剔的方式指出自己工作的失误之处。因此她并没多说什么，而是回答说："真的不好意思，在今后的工作中，我一定做好充足的准备。"

在工作中，很多时候领导正在气头上，说话难免有点口无遮拦，也没考虑到下属的面子。不可否认，这样的语言确实比较伤人，但作为下属，更应该学会辨识话语中的忠言，比如"你写的方案还不如我念小学的女儿"，其本意是说"你的方案写得太糟糕，你应该好好努力改进"。

金钥匙

通常情况下，喜欢批评下属的领导一般都是要求严格的人，可能他们在语言表达上不太注意下属的感受，而是有什么话就一吐为快。看到下属在工作中出现了错误，他们内心是恨铁不成钢的，因此，才会将那种急切、愤怒的情绪通过语言表达出来。但是，你可以换个角度思考，虽然领导的话说得太苛刻，但其本意却是好的，他希望你能将工作做得更完美，让他再也挑不出一丝毛病来。

第二节　领导的赞扬和鼓励，一定要虚心接受

相较于那些说话喜欢打击下属的领导，有的领导则格外照顾下属的情绪，他们更喜欢赞扬下属，有时候即便是一个微不足道的优点或长处，领导也毫不吝惜赞扬。在平日的工作中，他们更愿意发掘下属身上的可贵之处，赞扬其优点和长处，促使其付出更多的时间和精力来为公司效力。在实际工作中，有的下属觉得受到领导称赞是一件了不起的事情，是一件特有面子的事情，因此，他们在受到领导赞扬时通常会表现得异常兴奋，想更多地展现自己的优点和长处。但是这样一来，稍有不慎就会弄巧成拙，反而让领导看见自己虚荣的一面。对此，面对领导的赞扬，最恰当的办法就是保持虚心的倾听态度，听出

领导话里的期望，在工作中继续努力，以求在以后的工作中做出更大的成绩。

尽管某些领导在工作中很喜欢赞扬下属，但并不意味着他喜欢那些骄纵跋扈的下属。他们更愿意看到下属能够认真对待自己的称赞，虚心接受，努力做到尽善尽美。因为领导赞扬下属的本意是激励下属，有时候领导更是为了赞扬而赞扬，可能只是一件小事，但领导却愿意以赞扬的形式来激励下属不断进步。

公司张经理喜欢赞扬下属，不管是大事还是小事，只要下属能够认真完成，他都会送上一句称赞的话："做得不错。"即便是在现实工作中，张经理碰到秘书也会称赞一句："你今天的讲话稿写得不错，很有进步。"遇到公司门口的保安大叔，也会肯定一句："工作辛苦了。"似乎他总是能轻易发现下属的优点，然后就会逐一称赞。刚开始，大家听到张经理的称赞觉得很高兴，总是虚心地听他说话。可时间长了，他们发现称赞人是张经理的一种习惯，于是大家渐渐地不再那样高兴了，甚至觉得张经理的称赞是缺乏真诚的。

这天公司来了一位新职员小松，他刚刚大学毕业，是一个谦虚谨慎的大男孩。张经理一拿到小松的个人简历，就忍不住称赞："你们大学我去过，确实不错，不论是环境还是师资力量都令人称赞,我想从这里毕业的大学生肯定非常优秀。"小松谦虚地低下头,小声回答说:"您过奖了。"看到小松的反应,张经理十分满意,说道:"如果年轻人都像你这般虚心,我想他们找工作肯定不是难题。"

虽然对这种类型的领导来说,称赞下属已经变成了一种习惯,但我们不应该怀疑其称赞的真诚。虽然他的出发点大多数是为了工作,但是一个毫不吝啬称赞下属的领导,其本身是善于发现别人优点的。因此,对于这样的领导,下属应该从倾听中感受到其真意,保持虚心的倾听态度,从而赢得领导的青睐。

金钥匙

通常情况下,喜欢肯定下属、赞扬下属的领导,更愿意看见虚心、顺从的下属,因为他们称赞的本意是希望下属能够继续努力,将工作做得尽善尽美,而不是助长下属的虚荣心。因此,下属若是听到领导的赞扬,不要大意,更不应该表现出嚣张的行为,而是需要虚心听其说话,领悟领导话里所暗含的期望,把它当作自己努力工作的动力。

第三节　说者慢条斯理,你需要多点耐心

在现实工作中,有许多"温吞"型的领导,也就是他们说话语速过慢,就好像我们常说的"拉长腔"。领导在说话时,节奏过于缓慢,给下属的感觉是死气沉沉、毫无生气的。这样的领导说话时,许多下属听着听着就会昏昏欲睡,于是,上下级的交流就成了问题。这种问题的出现有两方面的原因:一方面在于领导说话在语句之间停顿的时间太长,半天才说一句话,他们大多养成了说话时间长、速度慢的语言表达习惯;另一方面在于下属没有足够的耐心,"温吞"领导除了说话比较

慢之外，并不存在多大的语言表达障碍。

　　许多领导对下属说话总是慢条斯理，娓娓道来，语速不温不火，其实这是习惯养成的。领导说话，一旦语速慢了下来，自然就可以增加思考的时间，加强语言的感染力与领导魅力。许多领导深谙此道，他们在不知不觉中就会将语速慢下来。作为下属，虽然不是很明白为什么领导说话总是那样慢，但是面对这样的领导，你依然可以变换自己的倾听态度。既然领导说话缓慢，那就拿出自己的耐心，慢慢听其说话，相信你定能准确领会到领导所表达的真实想法。

　　已到不惑之年的李主任平易近人，受人尊敬，不过，很让下属受不了的是他说话太慢。每每遇到下属，他说话总是慢条斯理，娓娓道来，语速总是很缓慢。通常开口就是："小张啊，我觉得你最近工作中出现了一些问题。"紧接着是短时间的停顿，而坐在他对面的小张却是着很着急，很想听到"自己到底出现了什么问题"。等了一会儿，李主任才开口："其实，你这个问题我早就发现了，只是工作比较忙，也没找你细说。"说完，又停了下来，小张真的想站起来大喊："到底是什么问题，你就说了吧，真是慢得急死人了。"通常跟李主任的对话都是这样，一些性格比较急躁的下属就会不停地追问："什么事情？什么事情？"结果越是追问，李主任越是说得慢。

案例中的李主任无疑是说话缓慢的典型代表，好像一边在思考，一边说话，而且似乎还留给了下属一定的思考时间。但在现代社会，人们生活节奏比较快，面对这样讲话慢吞吞的领导，下属们就会受不了，总觉得听领导说话就好像在浪费自己的时间。

如果下属脾气太急躁，听了领导的前半截话就走，就会很容易在工作中出错。对于领导所表现出来的特质，下属应该积极配合，既然领导说话慢了一点，那就多花一点时间，耐心倾听其说话。

金钥匙

经常有下属抱怨：领导说话为什么那么慢呢，说半句，下面的半句就要等上半天。大多数领导比较喜欢"打官腔"，如果说话太快，有失自己领导的身份；还有的领导担心自己说错了，因此他们一边思考一边说，难免会慢一点。此外，有的领导说话比较慢，其实也是考虑到下属的接受能力，如果说话太快却表达不够清楚，这对下属落实工作也会带来很多的麻烦。对于这样一些理由，下属更需要拿出耐心，认真听领导说话，切实理解领导的意思。

第四节　领导说话爱举例子，要知晓其中深意

在日常工作中，有的领导是实操型领导。顾名思义，也就是注重实际工作操作性的领导，他们在部署工作时，通常会以实际的工作例证作为模型，通过讲述实际的工作例证，试图让下属们明白其工作的具体操作流程。下属在面对这样的领导时，需要牢记其说话时的工作例证，领导在话中列举了什么

样的例子，通过这些例子，你才能弄清楚工作的具体操作流程是怎样的，也才能在具体工作中，准确地按照领导的意见去完成。对实操型领导来说，他们在说话时并没有过多的修饰词，着重于聊实际工作，他们更愿意看到下属们按照自己的要求完成工作。

通常大部分的领导都是指挥型领导，也就是向下属传达任务或命令，领导者本身不涉及工作的操作，他们只是在下属完成工作之后予以验收，从而提出适当的建议。而实操型领导就好像我们常说的"教练型"领导。在一个公司或企业中，教练型的领导所做的工作差不多是大同小异的，在工作执行或部署中，领导会像教练一样手把手地指导下属，通过实际的工作例证来说明具体的操作问题。

在公司大会上，总经理说到了最近销售部门出现的问题："据我所知，上个月是咱们公司接到投诉电话最多的一个月，具体原因我不知道，但是我需要告诉你们一点，那就是在处理客户投诉时一定要换位思考，站在客户的角度去思考问题，弄清楚客户为什么会投诉，为什么会生气，是不是真的是自己做得不够好，切忌以毫无礼貌的方式来处理客户的投诉。"说着，总经理眼睛扫视了台下的职员们，停顿了一秒钟。

接着，总经理继续说道："在这里，我不得不列举一个例子，就在前天，我一个亲戚购买了咱们公司的产品，他在使用产品的第一天就遇到了问题，所以他打电话给公司的售后部门，想问清楚这是怎么回事，没想到我们当时值班的工作人员仅仅用一句话就搪塞了过去。当时，那位员工是这样说的：'我不知道产品会出现这样的问题，是不是您自己的原因，因为您是第一个打电话来投诉的人。'在这里，我也不想指出那位员工的具体名字，但我想问大家，真的是这样吗？面对顾客的投诉，我们需要礼貌对待，搞清楚问题究竟是什么，然后及时想好对策，目的只有一个：那就是帮助顾客解决问题，而不是人为地设置公司与顾客之间的沟通障碍。"

在经理说话的过程中，职员小王一直很注意地听领导所讲述的工作例子，并在不断地回忆自己在工作中是否出现过这样的问题。这是因为，小王在跟随经理工作的一年多时间里，早就看出来经理是一位实操型领导，他只注重工作的实际操作性，其余的他倒是不怎么在意。

通常情况下，实操型的领导在说话时会列举一些发生在日常工作中的例子，以此给下属一些工作上的启示。这样的领导大多是经验主义者，他们会不断地收集工作中出现的反面例子或正面例子，并将其应用到说话过程中，以此来提醒员工在实际工作中所需要注意的或应该遵循的原则。

> 金钥匙

在工作中，实操型领导在说话的时候，真正用理论论述的时间比较少，他更多的是用实际例子说话。对此，作为下属，在倾听领导说话时，需要特别注意领导者在说话时列举的工作例证，仔细分析工作例证中的问题，是反面例子还是正面例子，只有认真分析了之后，你才能在实际工作中避免失误的发生，并促进工作有效地进行。

第五节　熟悉外籍领导常用的表达方式

现代社会，随着全球化日益加剧，越来越多的公司有了外籍领导的加入，甚至这些外籍领导会直接领导我们的工作。因此，每一位下属，都应该尽量熟悉外籍领导独特的说话方式，以免在正式接触中发生误解或误会，甚至闹出笑话。国内的大多数领导说话都比较含蓄、委婉，下属常常需要揣摩话语背后的含义。亚洲各国的人说话大概都是如此，比如日本、韩国等。但若是欧洲的领导，他们的说话方式却是迥然不同的，他们的思维比较直接，可能心里想什么就说什么，他们的话语并不存在表面含义和深层含义。因此，当需要与这样的领导沟通时，你只需要领会其字面意思就行了。

小吴在外企上班，这本是朋友们都羡慕的一份差事，但小吴却是有苦说不出，她的烦恼就是不知如何与那些蓝眼睛、黄头发、高鼻梁的外籍领导打交道。小吴外语还可以，但令她惊讶的是，这些在中国待了很长时间的外企领导，几乎每个人开口都会说汉语，但因思维方式的差异，外籍领导通常是用中国话来表达外国人的思维，这很让小吴摸不着头脑。

不仅如此，外籍领导还有一套自己独有的幽默方式，有时会让中国同事开口大笑，有时却让这些同事听不懂。在一次酒会上，小吴端着酒杯坐在角落里，这时部门的外籍领导约翰

走了过来，向小吴伸出右手，并打招呼："来，咱们用中国式的握手打个招呼。"小吴礼貌地伸出右手，双手紧握的那一瞬间，约翰惊叫起来："你的手怎么这样冰凉呢？"小吴不知道怎么回答，只好实话实说："今天天气比较冷，所以手很冰凉。"没想到，约翰笑着说："跟我共事了这么久，你还是没学会美国式的幽默，你应该回答说'虽然我的手是冰冷的，但心却是热的'。"说完，自己忍不住笑了起来，小吴也被自己的老实发言逗笑了。

相比较含蓄的亚洲人，欧洲人说话比较直接、夸张、随意。平时在办公室，经常听见的就是外籍领导夸张的说话方式"这个文件怎么可以见人呢""亲爱的，没有人告诉你，这个规定是不能违反的吗""糟糕，你已经让我忘记了该说什么了，让我想想"。听到外籍领导这样说话，给我们的第一感觉就是"夸张、随意"。

金钥匙

如果你的上司也是外籍领导，不要烦恼，也不要急于与之交流，而是需要先在旁边仔细观察其独特的说话方式，这样才能避免你们在沟通过程中出现矛盾或误会。

第六节　说者性格急躁，你只需要安静倾听

在我们身边有一些严厉、性格比较急躁的领导，他们通常会用命令式的语气说话，语气比较严厉，语速比较快。

在这里我们所说的严厉型领导，主要指的是工作上严厉，也就是仅仅出于工作的需要，表现出语言上的威慑力。在日常工作中，领导的权力越大，职责越重，压力也就越大。但人的精力总是有限的，当领导将主要的精力都放在工作上时，作为下属，就不能苛求领导疏导自己的情绪了。当下属倾听严厉型领导说话时，不仅需要保持静心的姿态，而且还要反思自己：是否自己的工作能力未达到领导的要求；是否自己的工作效率跟不上领导的节奏；是否自己的工作主动性欠缺。从自身的原因找问题，从而逐渐提高自己的工作能力。

小雪的领导是公司负责研发的副总，不仅是一个典型的工作狂，而且非常严厉。当他向小雪交代工作时，总是用一种不耐烦的口气说"打一下这个！"或"复印10份"，从来不会说"请帮我打一下这个"或"劳驾帮我把这个复印10份"。刚开始的时候，小雪十分不习惯领导这种家长式的工作作风，每次

接受工作之后都要在心里嘟囔"我是秘书又不是你的丫环",甚至多次产生了辞职的念头。有次她在复印之后,把材料往领导的办公桌上一扔,扭头就走。

没多久,领导让小雪去他办公室,小雪心想,自己反正要辞职了,姑且听听这位领导怎么说吧。于是,小雪去了办公室,打算整个过程不说一句话,就看领导怎么说。领导一边整理文件,一边说:"小雪,你来公司好几个月了,我觉得你好像并没有认真听我说话,总是一副漫不经心的表情,这样的态度我最看不惯了,我说什么,你就应该听什么,听完了就应该按照这个去办……"小雪没吱声,假装表现出一副顺从的姿态。过了一会儿,领导的话锋突然转了,他说:"这次就说到这里吧,其实你工作一向不错,我挺看好你的。"小雪有些惊讶,没想到这位严厉型的领导原来并没有自己想象中那样难以接触。

在现实工作中,有的领导显得非常严厉,动不动就训人。其实,这样一些外表盛气凌人的领导并没有下属想象中那样难相处,他们所看重的就是下属的顺从,尤其是当他在说话时,若下属表现得心不在焉,或是漫不经心,他就会大为恼火。相反,如果在领导说话时,下属表现得很安静且顺从,那领导就会觉得这个下属还是蛮不错的。

金钥匙

在倾听严厉性急的领导说话时，千万不要表现得不耐烦或者是心不在焉，这会刺激严厉性格的领导，会觉得你不尊重、不重视、不顺从他们的意见。因此，在倾听的时候，下属应该像坐在课堂里的学生一样，静心顺从地听他说话，仔细揣摩他话里的真实含义，如此才能更好地完成工作。

第七节　说者沉默寡言，你要把握其说的每一个词

在日常工作中，我们经常会遇到这样的领导：沉默寡言，很少说话。当然，领导之所以有这样的特征，有可能是自身性格比较内向，也有可能是出于领导这样的特殊身份。有的领导之所以不愿意多说话，也是为了保持自己作为领导的稳重。既然领导的话太少，那下属能够倾听到的言语就更少了。越是不怎么说话的领导，他偶尔说出的一些话就是绝对的金贵，容不得下属错过或漏听。因此，在沉默寡言的领导说话时，作为下属，应该认真倾听，听清楚话里的每一个字、每一个词，以此

才能准确地了解领导内心的真正想法。

沉默寡言的领导通常会有这样一些行为特点，在工作中他很少会面对下属高谈阔论，多说一句话的情况也是少有的。这样的领导通常都会以正常的工作程序来传达自己的意见，或是直接吩咐秘书安排工作。可能是由于性格上的原因，他们不擅长与人打交道，也不愿意在人前多说话。这将意味着其话语中的每一个字词都需要认真倾听，稍有不慎你就会听错或听漏，这样就更难以对领导进行详细了解了。

王总个性比较内向，鲜少说话，基本上在公司大会上将主要的工作安排完了之后就会宣布"散会"，多的一句话也不说。其公司的下属都难以听到王总平时所说的话。大家对于这位沉默寡言的领导既畏惧又无奈。通常情况下，下属若是提交工作报告，王总也只是简单的一句话："先放在这里，我看过之后会让秘书交给你。"

公司职员小李觉得，要想了解王总，就应该认真倾听他说话的每个字词，不漏掉一个字、一个词，这样才能准确地领会其话里的意思。

有一次，小李有幸与王总一起出差，他觉得这次完全可以通过王总说的话来对其作一个详细的了解。在飞机上，小李小心地询问："王总对于这次出差的项目有把握吗？"王总笑了笑,点点头。小李继续问:"我就知道王总一出马,肯定啥事都能办成。"王总终于开口了:"别这样想,年轻人,我也不是什么事情都能做好的,只能说我们需要尽力。这次的项目如果能做好,就可以解决公司的融资问题,这对于我们整个公司来说都是很重要的,因此,到那边正式谈判时,一刻都不能放松。"瞧这话说的,原来领导工作很认真,而且还蛮谦虚的嘛,小李心想。

对于沉默寡言型的领导,不管是他安排工作,还是平时的闲聊,我们都需要字字听取,通过那只言片语来了解领导的方方面面。在上面这个案例中,王总是一个话很少的人,因此即便是路途中所说的几句话,也可以成为下属小李了解领导的突破口。果然,通过王总所说的那几句话,小李可以了解到他是一个工作认真、谦虚谨慎的领导。对领导有全面的了解，下属才能高效地与领导相处。

金钥匙

对于沉默寡言型的领导，我们需要认真听取其鲜少的话语，通过这少量的语言，下属不仅需要了解领导的工作风格、性格特点，而且更需要了解具体的工作安排。因为对沉默寡言的领导来说，他们会尽量用简练的语言来说明很多较为复杂的事情，可以说是惜字如金，有可能对于一件工作的安排，他们只是寥寥数语就交代完了，但下属有时却不太明白其所表达的意思。所以，下属在倾听这类型领导说话时，需要一字一句听清楚，只有听清楚他在说什么，才有可能领会到其中的含义。

第 7 章

言语"曝光"自己,让上司看到你的成绩与优点

第一节　推功揽过，让领导看到你的贴心

很多时候，我们会听到这样的声音：为什么我这么优秀，却得不到领导的器重呢？俗话说："千里马需要伯乐。"实际上，千里马与伯乐的关系是相对的，千里马需要伯乐，伯乐更需要千里马。而在工作中，领导与下属之间的关系实际上是一种利益双赢的关系。换句话说，要想领导成为你的贵人，首先你就要通过你的能力和贡献为领导谋取利益。在这种互惠基础上，领导才会意识到你的重要性从而成为你的贵人，并且为你的职场发展铺平道路。作为下属，要学会推功揽过，这样领导听了才会备感欣慰。

小华在一家刚成立的咨询公司做大客户营销，他是个刚刚踏出校门的小伙子，有一种"初生牛犊不怕虎"的劲头。来公司上班仅仅三个月，就被提升为上司的得力助手，成为领导最器重的员工。小华在职场上的成功并不仅仅靠自己的能力，更重要的是他懂得如何与领导相处。

有一次，当他向大老板提交工作报告时，灵机一动同时署上了直管领导和自己的名字。这样一来，小华辛辛苦苦谈成的客户，就变成了领导的业绩。当领导拿到这份报告时，不解地问："为什么要署上我的名字呢？"小华谦虚地说："我能做出这样好的成绩，当然是在领导的指导下完成的，您就相当于我的指导老师，按理说，您的功劳算最大的，我当然需要署上您的名字了。"领导听了，欣慰地笑了。后来，他的直管领导就凭着骄人的工作业绩被提升为客户总监。小华听公司的同事说，在小华进公司前，领导的业绩平平，而当他进来后，业绩直线上升。因此，当领导被提升为客户总监时，他也没有忘记小华，小华马上从一位普通的员工升为营销经理。

小华发现只要把自己功劳归功于领导，既能为领导谋取利益，也能使自己在职场中平步青云，这又何乐而不为呢？

其实，当以你领导的名义和你的名义报告给上级领导时，自然是领导更能引起高层的关注和重视。当你有了一些好的建议或者想法，也可以借助领导的渠道报告上去，既为领导赢得了荣誉，也证明了自己的价值。当领导因为你的功劳而发达时，他也会牢记你的功劳，帮助你提升职位，把你作为他的得力干将，以便助他一臂之力。

此外，作为下属不仅需要将功劳尽量让给领导，还需要包揽一些过错。这样的行为会让领导心生感激，虽然领导嘴里会说："这件事我也有责任。"但他内心还是希望有贴心的下属来为自己分担忧愁，如果你可以为领导推功揽过，那距离升职加薪的日子就不远了。

金钥匙

当你完成了一件工作，需要拟写一个工作报告并上交给上级领导。在拟写工作报告的过程中，你可以巧妙地把自己的功劳归功于领导。不妨把领导和你的名字一起署在上面，当然，这里也要讲究技巧，那就是把领导的名字写在前面，自己的名字紧跟其后。这样既照顾了其面子，给领导的感觉就是自己的功劳，又让领导因为霸功而对你产生一种愧疚感，无形之中就提高了自己在领导心中的地位。而且你还可以借助领导的交际范围，赢得一些接触公司高层的机会，并且利用和公司高层直接对话的机会多提一些对公司发展有价值的建议，从而为自己创造发展的机遇。

第二节　向领导提建议，要委婉含蓄

作为下属，需要适时向领导进谏，向领导提出某些建议或看法，但进谏也是需要讲究技巧的。许多下属都遇到这样的情况，当自己向领导进谏时，却不能够得到领导的采纳，甚至还有可能被领导冷落。其实，发生这样的情况，并不是因为你所提出的建议和想法不具备可行性，也不是领导平庸无能，而在于你向领导进谏的方式不对，很多时候，直接向领导提出一些意见，会让他难以接受。毕竟领导处于权威的位置，他的威信不允许他轻易受任何人的摆布和差遣。当你直截了当地提出意见，反而会让他感觉到不被尊重。因此，当你想要向领导提出自己的想法时，不妨灵活地采用各种技巧，委婉含蓄地表达出来，让领导轻松接受自己的建议。

邹忌身高八尺多，而且身材魁梧，容貌美丽。有一天早晨他穿戴好衣帽，照着镜子，对他的妻子说："我与城北的徐公相比，谁更美呢？"他的妻子说："您美极了，徐公怎么能比得上您呢？"城北的徐公是齐国的美男子。邹忌不相信妻子的话，于是又问他的妾说："我与徐公相比，谁更美？"妾说："徐公怎能比得上您呢？"

第二天，一位客人来家里拜访，邹忌问客人："我和徐公相比，谁更美？"客人说："徐公不如您美啊。"第三天，徐公来了，邹忌仔细地端详他，自己觉得不如他美；再照镜子看看自己，更觉得远远比不上人家。晚上，他躺在床上想这件事情，说："我的妻子赞美我的原因，是偏爱我；妾赞美我的原因，是惧怕我；客人赞美我的原因，是对我有所求。"

对此，邹忌上朝拜见齐威王，说："我确实知道自己不如徐公美。但我的妻子偏爱我，我的妾惧怕我，我的客人对我有所求，他们都认为我比徐公美。如今齐国，土地纵横千里，有一百二十座城池，宫中的姬妾和身边的近臣，没有不偏爱大王的；朝廷中的大臣，没有不惧怕大王的；国内的百姓，没有不对大王有所求的。由此看来，大王您受蒙蔽更厉害了！"

齐威王说："好。"于是下了一道命令："所有大臣、官吏、百姓能够当面批评我过错的，可得上等奖赏；能够上书劝谏我的，得中等奖赏；能够在众人聚集的公共场所指责、议论我的过失，并能够传到我耳朵里的，得下等奖赏。"政令刚一下达，许多官员都来进言规劝，宫门庭院就像集市一样；几个月以后，偶尔还有人进谏；一年以后，即使想进言，也没有什么可说的了。

在这个故事中，邹忌向领导进谏，所采用的就是委婉含蓄的方式，先通过讲述自己的经历，以此类推出国君所受的蒙蔽更多，最终达到了进谏的目的。在工作中，领导也并不能做到所有决策都正确，受各方面因素的影响，领导在做决策时可能存在着偏差或错误。作为下属，千万不要因为领导出错误就幸灾乐祸，甚至当场指出其不足之处，这样只会使领导陷入极端尴尬的境地。如果遇到心胸狭窄的领导，他还会恼羞成怒，伺机对你进行报复。

> **金钥匙**
>
> 领导并不是十全十美的人，他们在一些能力、认知方面也会有偏差，所以在他们的工作中也会出现一些失当的决策。作为下属，你需要去发现这些问题，进而有效地解决问题。当你向领导提出建议或指出问题时，需要讲究一些方法和技巧，寻找一个合适的机会。这样才会容易让领导欣然接受，从而对你信任有加。

第三节 把握领导意图，说出他想说的话

下属在与领导沟通的过程中，需要审时度势，估计情况的变化，适时帮领导说出想说的话。说出领导想说的话，这是很重要的，这表示你清楚地知道领导的意图，知道他在想什么，想做什么，这样一来，领导就会把你当作最亲近的员工。在某些场合，领导有时会将想法以肢体语言来表达，或以面部表情来示意。这时下属就应该清楚地领会领导的意思，帮领导说出想说的话。当然，那些话并不是领导事先告诉你的，而是你通过对领导肢体动作、表情的揣摩、领会而得出的。前提是领悟准确，才能有效地表达领导内心的意思。

小吴经常跟总经理一起出差，拜见客户，或是洽谈生意。跟随经理的时间长了，小吴对经理可谓非常了解，尤其是在与客户商谈的场合，当领导没开口说话眼睛却看着他，那就表示该他说话了。

有一次，小吴与总经理去外地与客户商量合作的事宜，双方都很有合作的意向，但在产品价格上却始终不能达成统一的意见。客户很想购买那些产品，无奈承认最近购买了新的设备，确实是资金短缺，因此希望小吴这方可以适当优惠。当时，客户是这样说的："我和贵公司合作了几次，交情虽是不深，但却不浅，你说哪次合作不是痛痛快快，这次确实是事出有因，我公司最近才购买了新的设备，资金方面有点紧张，希望贵公司能适当优惠价格，这样的话，以后我们定会成为贵公司的长期合作伙伴。"总经理面有难色，眼睛看了看小吴，小吴知道总经理这样的表情表示价格方面是不能降低的。

小吴面带微笑着说："我们也知道您的难处，但是价格方面确实不能降低，您也知道，在这个城市，我们的客户并不仅您一家，如果我们今天给您降低了价格，那明天就会有别的客户找我们降价，那时我们该怎么办呢？再说了，我们车间工人也是很辛苦的，产品的质量这么好，以这样的价格出售给您，真的算是特别便宜了。"说完了话的小吴偷眼向领导看去，发现他正赞许地点点头。

  这时客户自知难以说服对方，只好再让一步："既然这样，那在价格方面我就还是按照贵公司的意思，但我希望这次在还款日期上可以延迟一些日子，我们先付首款，其余的我想在三个月之内还清，如何？"总经理还是没说话，只不过脸上露出了温和的神色，小吴明白过来，说道："这个是没问题的，您都是老客户了，我们自然是相信您的，到时候写一份合约就行了。"

  在案例中，在与客户谈判这样的场合，说到价格方面，肯定是不需要领导亲自出马的，他只需要将自己的意见"写"在脸上，让下属去领会，然后再由下属说出口。当然，下属是否能准确地表达领导心中所想，将取决于下属对领导的了解程度。

如案例中的情况，小吴多次跟随经理出差，会见客户，对经理的了解算是很详细了，因此才能准确地表达出经理的意见。

金钥匙

当然，帮领导说出想说的话，还需要建立在对领导充分了解的基础上，如果你对领导的性格一知半解，结果在一些场合擅自做主就说了一些话，你以为这是领导想说的话，却不料，偏偏是领导最不愿意说的话。这样一来，岂不是好心办错事吗？对下属而言，应该充分地了解领导的性情、工作风格等，否则，你是无法说出领导的心里话的。当对领导有了详细的了解，再加上领导现场所表现出来的非语言行动，就能更准确地领会领导心中想法了。但是，帮领导说出想说的话，并不是在任何场合都可以进行的，需要审时度势，注意场合和时机。

第四节　向领导汇报工作，也要把握心理语言策略

巧妙地汇报工作，会让领导觉得你很能干。在汇报内容方

面，需要汇报领导所关心的工作。领导的时间是有限的，许多你能力范围之内可以处理的琐碎事情、既定程序的工作，能够自行处理就自己处理了。下属应该记住：汇报工作最重要的是提出解决问题的方案，而不是简单地提出问题。换而言之，汇报问题的实质是求得领导对你方案的批准，而不是问领导如何解决这个问题。下属向领导汇报工作需要准备不同的方案，并将这些方案记下来，必要时向领导阐述清楚，并提出自己的看法，然后领导批准你的主张，这就是汇报工作的基本套路。

当然，汇报工作也是需要选择时机的，尽量给领导建立一个自己会定期汇报的预期，这样会使汇报程序化，以免突然打乱领导的工作安排。一个优秀的下属必然是一个善于汇报工作的人，因为在汇报工作中，他能得到领导及时的指导和帮助，从而与领导建立起牢固的信任关系。在汇报工作中，需要明确目标，也就是这次汇报需要达到什么样的目标，如果你解决了这个问题，那你的汇报工作就成功了一大半。下属应该考虑：汇报的内容与当前核心工作的关系是什么？领导平时听取汇报的习惯是什么？怎么样才能得到领导肯定的评价，给他留下好的印象？

在公司周一例会上，张经理向上级领导汇报工作：

"我需要向您汇报几件事情：第一个是公司最近人员变动情况。最近公司人员变动比较频繁，生产车间走了6个人，电工走了2个，机修工走了3个，行车工走了2个，包装工走了2个，仓储走了2个，财务部的会计小黄最近也有离职倾向。这是公司员工离职的情况。

"第二个是绩效考核的事情。上个月的绩效考核结果已经出来了，总体来看，上个月的考核结果不理想，大家的分数都没有拉开差距，最多也就差5分。各部门经理对待考核工作的态度也有问题，只是把人力资源部下发的表格填满了，却没有真正履行辅导的职责，没有进一步帮助员工认识绩效考核指标的意义，也没有投入更多的精力帮助员工提高技能。这些问题会影响公司绩效考核工作的推进，时间久了很可能流于形式。跟您汇报一下，希望您能抽时间关注这个问题。

"第三个事情是本月的培训工作。前段时间您安排我找几家培训机构给经理层做培训，我已经找了几家，也列了一些培训科目，请您过目。"

领导回答说："看来你们部门最近的工作还是挺忙的，我有几个问题想问你，你说的第一件事情是员工离职问题，我想问你，为什么最近一段时间员工离职率这么高？什么原因？"

张经理一时没有回答上来。

对于张经理的工作汇报情况，领导是这样评价的："他只知道抓具体工作，没有总的工作方向，我说什么，他就做什么，属于拨一拨动一动的那种。每次汇报工作时，我告诉他要给我结果，但他总是跟我陈述事实，始终不能提出有效地解决问题的思路。最让我不能忍受的是，每次汇报工作都说了一大堆，没有重点，我也搞不清楚他想表达什么。"

如果你回过头来看看张经理汇报工作的内容，那你会发现领导的评价是恰当的。

金钥匙

在汇报工作时，你需要针对汇报工作的主题和目的展开论述，需要搞清楚领导最重视什么、最想听什么，围绕这个组织语言才能激发领导的兴趣。除此之外，你还需要了解领导的思维特点和语言风格，让自己汇报工作的语言与思维更贴近领导。

第五节　如何巧妙与领导谈升职加薪的问题

在职场中，每个人都希望自己有价值，希望自己所得的薪酬是合情合理的。但是，我们却常常遭遇这样的情况：已经在公司工作很多年了，但薪资水平却停滞不前，该怎样扭转眼前的局面呢？眼看就到年底了，人事部的考评已经结束了，如果你在排行榜上位列前茅，为什么不试试向领导提出升职加薪的要求呢？其实，"请求加薪"是双向沟通。简单地说，你必须听到上司的声音，依据他的响应与看法来修正你的论点与看法。此外，最关键的是一定要把握时机，看准了机会，才有可能成功。

乐乐是公司的市场部经理，她曾经三次向领导提出加薪，其中的结果和教训都是不一样的。

乐乐第一次提出升职加薪的时候，她已经在那家公司工作快三年了，对那份工作十分熟悉，而领导一直没给她加薪。乐乐以熟悉业务为谈判条件，向领导提出加薪诉求，领导却不同意。之后，上下级之间的关系变得微妙起来，乐乐很快就辞职了。

　　从那家公司出来，乐乐跳槽到现在的公司做销售秘书，负责协调处理各业务部门的关系。乐乐依旧努力工作，但这种千篇一律、薪水不高的工作实在令她难以满足。每天看着公司墙上悬挂的业绩明星照片，乐乐认定，自己一定不会比他们差。随后乐乐走进了办公室，向领导开门见山地提出加薪的要求，结果还是失败。

　　第三次加薪是为了一个下属，那位工人在流水线做了两年，他说，如果加薪不成，就要离职。乐乐向领导汇报，领导刚开始并不同意，说这样的员工再找一个就是了。但乐乐认真地算了一笔账：这个工人每月的工资是1800，市场上可以招聘的熟练工人最开始的工资是1200，可如果在1800的基础上，给这个工人加一二百元，他就能安心工作了，还免去了招聘新员工的招聘费用和培训费用。这样一说，领导痛快地同意了给员工加薪的请求。

　　通过这三次经历，乐乐明白了，向领导提出升职加薪的要求时，一定要有理有据，只要你有真才实学，底气足，领导就会按照你的贡献加薪；如果底气不足，甚至毫无能力，别说加薪，可能连自己的工作都很难保住。

　　案例中乐乐所得出的经验，简而言之，就是在向领导提出升职加薪前，你要给自己一个正确的"估价"。如果你确实为公司付出了很多，那就可以向领导提出升职加薪的要求；如果你为公司所做的一切远不值你现在的薪资，那你需要先从提高自己做起。

不仅如此，面谈是说服领导为自己升职加薪的最佳方式，用打电话或寄电子邮件以及发信息等方式提出加薪请求，这样的沟通都是间接的，因为看不到对方的表情，有可能会造成误解。通常情况下，领导考虑是否为一个员工加薪，其主要出发点在于该员工为公司贡献了多少、他到底有多大的价值。在向领导提出加薪时，我们应该找出有力的依据来说服上司，比如，强调自己的工作量增加了，可以用相关的数据来说明，作为让领导参考的依据。

金钥匙

在谈升职加薪时，不仅需要把握时机，而且还需要了解升职加薪的具体时间。大多数人走进办公室向领导说出"加薪"的要求后，就不了了之了，他们可能是不好意思询问，或者未向领导要求答复的时间。那么，你可以说："我知道公司目前有困难，但是，我自己需要考量生活上的需求，我想知道，您什么时候可以给我答复呢？"在谈加薪之前，我们需要清楚地了解领导的需求，因为如果领导的需求能够与你想加薪的理由结合在一起，这样，请求加薪就已经成功了一半。

第六节　工作进度，要以巧妙的方式告诉领导

作为下属，会经常向领导汇报工作，对于工作中出现的成绩和缺点该怎么处理呢？是报喜不报忧？还是先报喜后报忧？其实，对于工作中是报喜还是报忧是有技巧的，不能避重就轻，而是要正确认识和处理"报喜"和"报忧"的关系，这不仅对于上下级之间提高信息质量，而且增强信息有效性有着重要的作用。对下属而言，就是要有喜报喜，有忧报忧，及时将工作中出现的问题和成绩提供给领导，这是下属的一项重要工作。实际上，对领导来说，报忧比报喜具有更加重要的意义。之所以提出这样的看法，并不是让下属只报忧不报喜，而是因为真的有问题出现的时候，报忧这个环节是不能忽视的。

下属在汇报工作中，要敢于报喜中之忧。尤其是在工作比较顺利的时候，往往会出现一片叫好声，很容易让所有的人头

脑发热。在这样的情况下，就要注意不要隐藏喜讯背后的问题和矛盾，下属应及时准确地向领导反映真实情况和问题，以免小忧变大忧，引发更严重的问题和矛盾。当然，下属也要善于报忧中之喜，这里所说的"忧中之喜"有两层含义：一是忧中找喜，向领导报忧，其目的是发现问题，解决问题。这需要我们在报忧的时候，善于发现解决问题的好方法，帮助领导注意困难和问题，同时也找到可以解决问题的办法。二是需要转忧为喜，将一些本来忧虑的情况汇报给领导以引起重视，提出解决问题的意见，在协助其他部门解决问题的同时，将有指导性的意见和建议及时分享给其他部门，引起大家的警觉。

王主任在工作中一直秉承着"报喜不报忧"的原则，在过去，他也曾报喜又报忧，但在报喜的时候，领导就会眉开眼笑；转眼到了报忧的时候，领导就会横挑鼻子竖挑眼。这个场面见多了，王主任就总结出了一条原则：一定不能报忧，而是要报喜。同时，在王主任看来，如果自己总是报喜，那不就证明自己工作做得好吗？这样一来，受到领导的提拔是早晚的事情。

没想到，前不久王主任却因为自己引以为豪的原则而吃了亏。最近，前任领导下马了，调来了新的领导。虽说换了领导，但王主任之前所倡导的原则还是没变。他三天两头往办公室里跑，所汇报的都是工作中的成绩："从上个季度的报表来看，业绩简直是直线上升啊。""这次多亏了部门的各位同事，将工作完成得非常漂亮。"汇报次数多了，新的领导也疑惑了，忍不住问道："王主任，咱们公司就没有什么问题出现吗？你跟我汇报的可尽是成绩，可我怎么听说去年一年的时间，咱们公司就亏损了几百万呢？"王主任支支吾吾："这，这，这，我也不知道怎么回事啊。"

新来的领导看出了端倪，马上成立了一个调查小组，将公司所有的财务报表整理出来，领导赫然发现，在报表上出现的尽是亏损，但王主任却虚报说业绩直线上升。事实俱在，王主任也不好说什么，最后只好灰溜溜地卷铺盖回家了。

在工作中，诸如王主任这样"报喜不报忧"的现象不在少数，下属在向领导汇报工作时，在罗列成绩时就大加手笔、浓墨重彩，而谈到缺点就避重就轻、极力粉饰。有的下属是为了向领导"投好"只报喜不报忧；有的则是为了面子，为维护自身的形象，对问题遮遮掩掩，想让大事化小、小事化了，结果没想到给工作带来了大麻烦。

金钥匙

对下属来说，要喜忧兼报，当然，并不是每次汇报工作都要有喜有忧，而是在报告重大问题的时候，一定要注意全面、准确、客观地反映事物的全貌，千万不能以偏概全，凡事绝对化。简单地说，就是既要报告工作中的成绩，也需要揭示出其中的问题和矛盾。在反映成绩的时候，不要忽视问题的存在；在反映问题的时候，也不要全盘否定。这样比较系统、全面的反映，既反映了喜，又反映了忧，就会让领导对决策后的情况有个全面的了解，可以有效地把握政策上的"度"。

第七节　方案到位，再告知领导

　　在领导面前谈工作，切忌一知半解，而是需要深思熟虑后再谈工作，从而让领导感受到你的工作能力。在现实工作中，领导的工作本来就比较繁忙，因此他希望下属在进入自己办公室的那一刻，脑海里已经想好了如何说话，具体需要汇报什么工作，该简则简。但实际上，许多下属性子比较急躁，有的也可以说是稀里糊涂，有可能刚摸清了一件事情的一点情况，就急匆匆地进入办公室报告给领导，谁料领导只给出了一句话"等你完全弄清楚之后再告诉我"。其言外之意就是要求下属深思熟虑后再谈工作，否则，就是在浪费领导的时间。

任何人都应该明白，一知半解和深思熟虑是两种层次。"一知半解"也就是知道得不全面，理解得也不透彻，有可能知道的只是皮毛；有可能对一个问题，你所理解的不过是表面意思。这样的理解程度怎么可以在领导面前展示呢？"深思熟虑"就是审慎、深入地考虑。简单地说，就是考虑清楚之后再说，在领导面前谈工作，若是经过深思熟虑再谈，那领导肯定会称赞你"精明能干"。以后领导若是碰到什么难题或工作，也会特别邀请你一起讨论。

小马刚刚大学毕业，进入这家广告创意公司工作。小马本身就是一个内敛的人，他从来不多言多语，给人一种沉稳的感觉。

这天，他拿着刚完成的广告文案走进经理办公室。经理正在批阅文件，一看是新员工小马，放下手中的文件，询问道："牙膏创意广告写出来了吗？怎么样？我想先听听你的说法，然后再决定要不要看。"小马在这之前已经做足了准备，因此，听到经理这样询问，他就开始侃侃而谈："这次牙膏创意广告，商家需要突出牙膏清新的特点，这就是一个突破口，这表示这个产品除了具备牙膏本身的特点外，还具备洗漱之后口气特别清新的特点，这样一来，我就大可以在清新口气上面做文章，比如早上刷牙之后，连家里的宠物狗狗都忍不住过来亲亲,还有在公交车、电梯等场所,口气清新可以让更多的人愿意靠近你。针对这个想法,我写出了几个类似的场景广告,希望经理能看看。"

听完了小马有条不紊的叙述,经理赞许地点点头,但他很想多考验考验这个年轻的小伙子。因此,他问道:"你对商家有多少了解呢?因为咱们做广告创意的,不仅需要创意好,还需要符合商家的胃口。"小马回答说:"其实,在我接到任务的那一天,我就上网查阅了许多关于这个商家的资料,也看过他们之前做过的广告,发现他们特别强调公益方面的要素,也就是除了推销自己产品外,他们热衷于在广告中加入公益的元素,对此,在这次的广告创意中,我也添加了这样的元素。"

经理笑了,没想到小马如此深思熟虑,赞叹道:"小马,好好干,我会很认真地看你所写的广告创意,希望以后你会成为广告界的新星。"

在这个案例中,小马在与经理谈工作时,并不是毫无准备、一知半解,而是经过了仔细考虑,做足了准备。因此,在回答经理问题的过程中,他侃侃而谈,有条不紊,而领导从其语言表达中就可以看出其卓越的工作能力。

金钥匙

如果说"一知半解"只是皮毛功夫,那"深思熟虑"则是有深层功力了。在职场中,领导的双眼就好像火眼金睛,他能通过你的语言表达,清楚地判断你的工作能力。如果你说话总是支支吾吾,半天说不出一个字,他就会把你纳入"一知半解"的行列;如果你针对一个问题能侃侃而谈,甚至滔滔不绝,那领导则会将你纳入"工作能力强"的一列。

第 8 章

看人说话，不同的人应当运用不同的语言心理策略

第一节　了解对方性格，才能对症下药好沟通

在职场中，我们会遇到不同类型的领导，其实，不同性格的领导往往有不同的性格密码。对此，在日常工作中，我们要找到领导性格的密码，以此来摸透领导的脾气。摸透领导的脾气，及时调整相处策略，在此基础上发挥自己的工作能力，是职场生存的重要法则。如果我们没有主动去适应领导的工作风格和工作习惯，就会使自己处于十分被动的地位，也会感觉到与领导总是格格不入。

其实，作为职场中的一员，我们要随时端正自己的心态，既然是改变不了的东西，最佳的办法就是让自己去适应他。实际上，领导的性格往往体现在其具体工作中，比如工作习惯与作风。因此，当你踏入职场，首先就是需要花点时间去了解领导的工作习惯与作风，摸透领导的脾气，按照领导的想法，对自己的工作方式与习惯作出适当的调整，你就会发现其实与领

导相处并不是那么困难。打个比方，豪爽型的领导性格外向，因此大多不注重表面形式而更看重你的实际能力。他很欣赏办事认真、细致的下属，对那些不拘小节的下属他也不会反感。但是，面对这样的领导，需要抱着真诚坦然的态度，千万不要背着他搞小动作，或者是当面顶撞他。

经理是一个严谨的人，他对待工作一丝不苟，对下属严格要求。这些信息都是小安在进入公司第一天就了解到的。因此，小安收敛起自己随意的个性，对经理安排的工作，她一定要完全弄明白其中的确切意思才去执行，否则她是不敢随便擅自做主的。

这天开会时，领导说到最近工作的事情，突然转过头来对小安说："你就是穿着这身衣服去接待客户的吗？"小安茫然地点点头，经理脸色有些不悦："你知道吗？你所接待的都是欧洲过来的客户，如果你以这样的打扮接待他们，那简直是有损咱们公司的形象。"小安低下头，原来经理的严谨不仅仅体现在工作中，还体现在对员工穿着的要求上。

还有一次，小安拿着打出来的价格表交给经理，经理只是粗略地看了一下，就说道："下次请你在做这样文件时，先核实情况，据我所知，这是上个月酒店住宿的价格，这个月已经不是这些数字了，重新去做。"小安想说什么，但想到领导本身是一个严谨的人，如果自己辩解，那无疑是火上浇油，于是，她默默地退了下去，将酒店住宿价格核实后将文件重新做了一份。

案例中的经理是一位典型的冷静型领导，这样的领导通常具有较强的自我保护意识，因此当我们在与其接触时不要过于亲近。由于其谨慎的性格特征，他在平时都是作详细的工作报告，而且欣赏一丝不苟的工作作风。所以，下属在工作中就需要注意培养自己这样的工作风格，尽量把要交给他的工作计划写得越详细越好。此外，还需要多注意自己的言行举止、穿着打扮，只有方方面面都严谨了，才能受到领导的赏识。

金钥匙

在日常工作中，每个领导都会显露出属于他自己的性格特征，这时我们就需要仔细琢磨，找出领导的性格密码，促进上下级之间的沟通。比如懦弱型领导缺乏主见，说话做事容易朝令夕改，对任何事情都优柔寡断；苛刻型领导喜欢"鸡蛋里面挑骨头"，可谓典型的完美主义者，无论我们的工作做得有多完美，他还是会百般挑剔。只要我们了解了这些领导的性格密码，就能够采用适时的策略，与其进行有效的沟通。

第二节　摸清对方行事风格，有策略地进行沟通

在现实工作中，不同的领导者有不同的行事风格，可以从中窥探出其性格特征，从而有利于我们掌握恰当的沟通方式。

每一个成功的领导者都有自己独特的行事风格，没有哪两个领导者是完全相同的。领导的性格会在其行事风格中留下显著的印记，成功领导的行事风格都是在工作中不断培养起来的，是在工作中不断改进、完善，发扬优点、改正缺点，才形

成了独具一格的行事风格。

报到第一天，小李见到了陆经理。只见陆经理一脸严肃地坐在办公室的沙发里，对小李说："欢迎你成为我们公司的新员工！我自我介绍一下，我是华夏集团的陆华，以后你就叫我陆经理。你应聘的职位是总经理秘书，以后就在我身边工作，我的要求很简单，只有两个字——服从。而且是无条件地服从，我最讨厌别人问我为什么，希望你不要问这些问题。"小李面带微笑，点点头。

一天，小李递交了自己所拟写的领导讲话稿，因为陆经理需要参加一个会议，并要在会议上做一个长达半个小时的讲话。陆经理看过之后，直摆手："这个不行，必须重写。首先，这不是我的说话风格，关于我的说话风格，你可以查阅之前我的讲话记录；其次，你额外增加了一些我不需要的内容，要讲的内容我在早上就给你了几点说明，你只需要把这几个问题弄清楚就行了，我不需要的内容，一句话也不要增加；最后，关于上述两点的不合适地方，你竟然没向我报告，我告诉过你的，工作中的每一件事都需要征求我的意见。"小李点点头，想必这就是陆经理的行事风格了，看来自己以后需要调整自己的沟通方式了。

第二天，小李在拟写报告时，三次征求了总经理的意见

"陆经理，您觉得这个方案怎么样，需要修改吗？""陆经理，上个月的数据需要加进去吗？""陆经理，您打算在这次大会上讲话多长时间，我好压缩报告书的字数。"这期间，陆经理好像很享受这种掌控一切的状态，而小李与其的沟通也变得越来越顺畅了。

在工作中，像陆经理这样的领导会不断要求下属这样做或那样做，对于这样行事风格的领导，下属必须常常让他感到自己的存在价值，并且采用这样的沟通方式：做事要顺从他，对于工作中的任何决定都需要向其征求意见，这样领导才会觉得与你沟通是非常愉快的。

金钥匙

在许多下属看来，领导的许多言语行为是他们摸不透的，领导的许多做法在他们看来也是不知所云的，这时下属都忽视了去观察领导的行事风格。或许在下属面前，领导会有意识地隐藏自己的性格脾气，以保持自己身份的神秘性。但他们也往往忽视了另外一个方面，那就是他们的工作风格或作风会透露自己内在的性格特征，这里所说的工作风格或作风，其实就是领导的行事风格。在工作中，领导所说的每一句话，甚至每一个手势都透露着其内在的性格或脾气，下属可以以此为依据，选择恰当的沟通方式，这样主动寻找沟通方法的下属是领导最赏识的。因此，下属需要在实际工作中从领导的一言一行、一举一动来透析领导的行事风格，依据行事风格来确定沟通方式，准确领会领导的意图，以此获得领导的青睐。

第三节　面对性子急的领导，说话不可长篇大论

在我们身边，经常可以看到性子急的领导，他们无论是说话还是做事，速度都异常快，丝毫不怠慢。这样的领导有个很明显的特征，就是谈话办事干净利落，讨厌啰唆、绕圈子。如果下属性子比较慢，那与这样的领导无疑是无法和谐相处的。通常他们在说话时，都是直来直去，有什么就说什么。因此，他们更喜欢与那些说话干净利落的下属打交道。如果我们面对这样的领导，那就应该努力让自己的语言表达变得简练一些，干净利落，若是论述一件事情，三言两语就能说清楚，东绕西绕只会让领导火冒三丈。

张经理是一位性子急的领导，他平时说话很快，一句话还没说完，下面一句话就开始了，这样的说话方式总是给人一种紧迫的感觉。用张经理自己的话说："现代社会生活节奏快，如果你们需要花时间来等我说话，那无疑是在浪费时间和生命。"当然，他的言外之意就是"我也不喜欢等待你们说话"。

王珂在公司里工作一段时间了，但他还没有正式跟经理接触。最近，王珂被调到了办公室当策划员，这意味着他每天都要与经理接触。到办公室第一天，同事就告诉王珂："你说话简洁利落吗？张经理最讨厌说话慢的下属了，咱们办公室好几个说话慢的同事都在他的要求下变得快了。"王珂心中一惊，完了。原来王珂是一位慢性子，他说话一向都是慢条斯理的，比如"这个事情，呃，怎么说呢，这个事情"，这样的说话方式曾被朋友戏称"听你说话的人睡了一觉醒来，你还停留在这句话上面"。

这天，王珂拿着已经写好的企划案忐忑不安地走进办公室，张经理语速很快地说："你是才调过来的新职员吧，这是你写的企划案，这样吧，你先叙述给我听听，然后我再考虑是否合适。"王珂有点紧张，再加上他本身说话比较慢，张口就结结巴巴："这个企划案，企划案，所说的其实，其实就是，产品的分析问题，分析问题，呃……"张经理脸色有些不悦，急切地问道："你倒是说清楚啊，我看见你嘴巴光在那里动，可我什么都没听到，你到底想说什么？"

看到经理生气了，王珂愈发紧张："这个企划案，企划案，企划案……"经理挥了挥手，有些不耐烦："你说话能不能简洁一点，干净利落一点，总是这样啰唆、结巴，我是没办法听下去的，可能你通过同事已经知道，我性子比较急躁，如果听你说话就需要花上半天时间，那其他的事情我还做不做了？这样吧，你先下去整理整理，明天继续当面跟我说这个企划案的内容，我只给你半个小时的时间，如果你在这半个小时之内没说完，那责任在你。"王珂小心翼翼地接过企划案，朝经理点点头就走了。

在案例中，张经理就是一个典型的急性子，而王珂则是一个慢性子，这两个人碰到一块儿沟通，肯定会产生问题。说话快，也就是心里想说什么就说什么，不思考，不等待，只要有了说话的欲望就恨不得一下子说出来；做事快，也就是希望一口气就可以将事情做完，如果有人告诉他需要等待，那他肯定晚上睡不好觉。

金钥匙

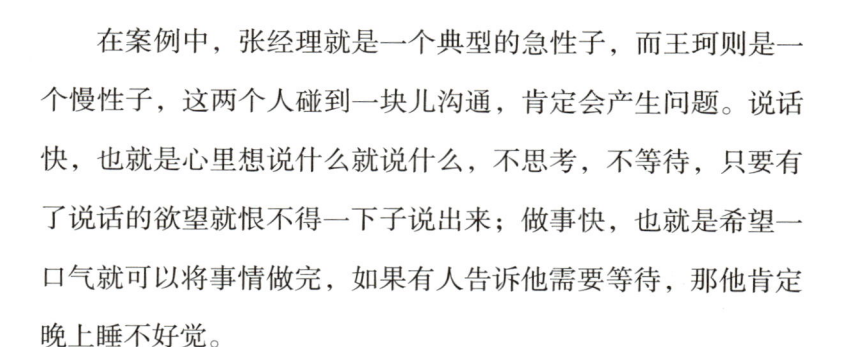

当然，性子急的人最容忍不了的就是"等待"，在他们看来，等待就好像一种煎熬。作为下属，如果你的领导是一位性子急的人，那你就需要符合他的个性，在沟通过程中，尽量简洁地表述一件事情或与工作有关的内容，不要让领导总是等待你，等待时间长了，领导失去了耐心，今后他将不愿再听你说话了。

第四节 面对睿智谨慎的领导，言语要不漏破绽

现实工作中，越来越多的领导变得谨慎睿智。通常谨慎的

领导工作一丝不苟，对工作严格要求，还会用自己的这种"谨慎"作为对下属的要求，相比较工作马虎的下属，他更欣赏那些工作认真、踏实的下属。因此，下属在工作中就需要培养自己这样的工作风格，尽量将领导布置下来的工作做得越仔细越好。除此之外，在与谨慎型领导沟通时，也需要注意说话的方式，细致而有条理的说话方式才是谨慎型领导所欣赏和认可的。如果下属以这样的方式说话，那领导由此会判断你是一位工作认真、谨慎的员工，以他的性格，他定会对你产生好感的。

　　谨慎类型的领导不欣赏说话毫无逻辑的下属，也不欣赏粗心的下属。在他们看来，说话与工作一样，需要细致、严谨，否则他们就会觉得你这个人不靠谱。

　　部门的张经理是一位谨慎的领导，在平日的工作中，他说话细致而有条理，做事认真谨慎。对一件工作的执行，他会亲自督察每一个细节部分，包括视察、监工等环节，他都会参与其中，不时提出一些建设性的意见。当然，他希望自己的下属工作也与自己一样，尤其是说话方式，他更欣赏那些说话细致而有条理的下属。

　　在部门里有个职员叫小王，他观察张经理很久了，在他看来，若想受到经理的赏识，肯定要培养与之一样的说话方式，也就是细致而有条理的说话方式。小王暗暗训练了很久，终于等来了施展能力的机会。

这天张经理把小王叫来，吩咐道："小王，你现在到集市上去看一下，看看今天早上有卖土豆的吗？"小王很快就从集市上回来了，他一口气向张经理汇报说："今天集市上只有一位农民在卖土豆，一共40袋，价格是两毛五分钱一斤，我看了一下，这些土豆的质量不错，价格也便宜，于是带回来一个给您看看。"

小王边说边从提包里拿出土豆："我想这么便宜的土豆一定可以赚钱，根据我们以往的销量，40袋土豆在一个星期左右就可以全部卖掉。而且，咱们全部买下还可以再适当优惠。所以，我把那个农民也带来了，他现在正在外面等您回话呢……"张经理听了，微笑着点点头，赞许地向小王伸出了大拇指。

在整个案例中，小王的叙述细致而有条理，虽然经理只吩咐了小王一件事情，但聪明的小王有条不紊地将经理所需要知道的情况全部调查清楚了，并在第一时间报告给经理。在最后，他不仅带来了土豆的样品，而且还带来了那位销售土豆的农民。如此谨慎细致的工作态度以及严谨有条理的说话方式，也难怪张经理会赞许地点点头，并向小王伸出了大拇指。

> **金钥匙**

实际上，谨慎型领导的想法是正确的，一个人的说话方式往往会透露其工作的作风与习惯，一个说话细致而谨慎的人，他在工作中会更细致、更谨慎。作为下属，可以有效与领导进行愉快沟通的方式只有一个，那就是努力培养符合领导个性的特征，以此来获得领导的青睐。如果遇到的是一个谨慎的领导，那你就要培养细致而谨慎的说话方式和做事风格，这样你才能受到领导的赏识与认可。

第五节　看准心思好说话，才能把话说到对方心坎里

在工作中，每个领导都有自己的性格特点，与人相处的最佳法宝就是避开对方个性中比较消极的部分，并满足其个性来表现自己。我们要更为有效地推进与领导之间的沟通，首先要摸清领导的脾气，然后运用相应的说话策略，以求所说的话语对准领导的脾气和心思。因此，在我们与领导进行正面接触时，需要了解更多关于领导的信息，而最为重要的一点就是了

解领导的脾气。比如他的脾气所展现出的优点和缺点是什么？他喜欢什么样的工作方式？他怎样获取信息？当发生冲突或矛盾时，他通常会采用什么样的解决方法？如果我们没能掌握足够多的信息，与领导沟通时就会盲目行事，彼此之间就难免会出现一些不必要的冲突、误会和问题。

小颜是历史系的学生，大学毕业后，顺利应聘到星星旅行社，实现了她儿时的梦想——当一名导游。第一天报到，小颜看着行事严谨的女经理，心里很不以为然，因为小颜本身是一个性格独特的女孩子，她不太会委屈自己而顺从别人的个性。上班前，妈妈就一再叮嘱她："收敛收敛自己的脾气，你这样，准要与领导吵架。"

果不其然，上班不到十天，就出了一件事情。有一天，一大群游客聚集在星星旅行社门口，吵闹着讨个说法。这时女经理走出来，面带微笑，问道："请问有什么事情吗？"大家纷纷投诉"你们旅行社怎么回事？游客的东西不见了，却说这不关你们的事情，这是哪门子道理啊？""就是啊，今天无论如何得给我们一个说法。""虽然不用你们赔偿，但你们导游总该打个电话报警吧。"女经理听明白了，说道："我们一定会给大家一个说法的。"事后，女经理了解到那位说"不关我的事"的正是新来的职员小颜，经理打算找小颜好好谈谈。

没想到，女经理刚开口："人家毕竟是旅客，他们的东西丢失了，你怎么可以说不关自己的事呢？"

小颜头抬得高高的："本来就不关我的事情，凭什么东西不见了就赖在我身上啊？"

女经理压住内心的火气："你不要以为当导游就是背背历史，不是这样简单的，旅客将假期的所有快乐都交给了我们，我们理应负责到底，如果你继续以这样的态度说话，那你趁早走人。"

小颜也生气地说："旅行社又不是你家开的，以为自己是老板娘啊？"

这话说到了女经理的苦处，原来女经理喜欢了老板很多年，但老板总是无动于衷，女经理最讨厌别人说到这事情。

这时，只见女经理大声吼道："你现在就收拾东西给我出去。"

在这个案例中，小颜犯了两个错误：一是她没有摸清楚领导的脾气，二是她说话没有体会领导的心思。虽然小颜是新来的职员，可能会对领导的情况了解得很少，但是依然可以通过同事或者领导身边的人进行了解。如果她早点儿意识到这些，事情就不会演变成这个样子了。

金钥匙

当然，了解领导脾气秉性的途径很多。当我们刚开始接触领导时，不要急于拉近彼此之间的距离。因为我们根本不了解领导的脾气，有可能给我们的沟通带来一些障碍。这时我们可以通过身边的同事或领导周围的人了解领导，并且在平时工作中寻找各种机会，对领导行为中的蛛丝马迹加以观察，这样才能够准确地摸透领导的脾气，从而对症下药。摸透了领导的脾气，还需要我们顺着对方的心气说话，这样才能有效地建立与领导之间的和谐关系。面对不同脾气的领导有不同的应对策略，这就需要我们平时在工作中多观察、多思考。

第六节　面对爱挑刺的领导，说点让他顺心的话

对下属来说，遇到喜欢挑剔的领导是最令人头痛的事情了，由于这种类型的领导存在，下属常常会处于不自信的状态中。比如，明明完全按照领导的吩咐去处理一件事情，但事后领导会指责下属办事不力；对于工作的要求，比如文件的内容和格式是他告诉下属的，等下属按照要求拿给他签字时，领导却又说这些文件应该重新打印；下属从事的是专业性很强的工作，但对专业一知半解的领导却偏偏对其能力"很不放心"。面对那些爱挑刺的领导，应该学会顺着他的话说。只要你顺着他的话说，他就没办法再对你进行挑剔了，上下级之间的沟通也会变得顺畅起来。

整个办公室都知道，罗主管是最爱挑刺的领导，对于一些很细小的事情，他总是"鸡蛋里面挑骨头"。刚开始，大家都很不习惯，听到那刺耳的话语，感觉眼泪都要流下来了，但时间长了，大家都习惯了，将这样的"挑剔"当作主管的一种习惯，那几句刺耳的话就当是耳边风过去了。

最近，办公室新来了一个员工叫黄东，看上去是一个桀骜

不驯的人。这天，黄东帮忙打印了一份文件递交给罗主管，不料，罗主管"啪"地一下将文件扔在桌子上，说道："你什么大学毕业的？怎么连打印文件这样的小事情都做不好呢？打印之前，需要进行文档整理，你这样不成段落的样子打印出来叫我怎么看？"黄东为自己辩解道："这本来就是草稿类型的文件，也不是下发的文件，你只需要过目就可以了，用不着那么正规地制作文档吧。"罗主管一听，更是恼火："那叫你去食堂吃饭，你为什么还要吃菜呢？干吗不只吃饭呢？这就是工作，我交代给你的工作，你需要认真完成，容不得半点马虎，像你这样的工作态度，我发现你倒适合做老板，而不是适合当员工。"黄东一气之下，摔门而去。

第二天，黄东就被罗主管以工作态度不认真为理由给辞退了。

在工作中，遭遇爱挑刺的领导，如果你直接顶撞，那后果是很糟糕的，有可能直接后果就是你卷铺盖走人，就好像案例中的黄东一样。既然领导喜欢挑刺，就让他挑好了，你不妨顺势承认自己的错误，卖一个面子给他，他也不好再说什么了。对于领导挑刺，不要太计较，作为下属，应该将自己的工作放在最重要的位置，如果你真的喜欢这份工作。

金钥匙

在工作中遇到喜欢挑刺的领导，不妨先考虑一下他挑剔背后的动机是什么？是他本身对自己、对工作的要求就很高，还是借此来考验下属或者打压下属？实际上，我们换个角度看，那些喜欢挑刺的领导，其实就是要求高的领导，作为下属，不妨欣然接受领导的批评和建议，视他为鞭策自己成长和进步的"贵人"，摆正自己的心态，尤其是部门的新人都会遭遇部门主管对自己的挑剔、考验，以此了解自己的各方面能力，最后，经得住考验的人才能受到领导的赏识。而经受住领导考验的最佳途径，就是顺着领导的话说，让他知道你是服从于他的。

第七节　适度赞美你的领导，会让他很受用

在日常工作中，我们处处可以看到那些喜欢自我吹嘘的领导，他们在各种场合、不同的人面前大肆地吹嘘。这种类型的领导，我们可以称之为喜欢吹牛的领导，并不是指他们平时说话漫无边际，而是说他们喜欢吹嘘自己如何有本事，然后期待看到下属敬佩自己的表情。这时，如果领导能听到一些赞美的话，他会认为你是最懂他的人，他会乐意与你继续说下去，这样一来，作为下属，你将了解到更多关于领导的信息，从而有利于上下级之间的和谐相处。

王经理平时最喜欢的事情就是在办公室里"吹牛"，所吹嘘的事情无非就是自己认为最得意的事情，其实说来说去就是那几件事情，办公室里的下属听得耳朵都长了厚厚的茧子了。于是，只要王经理在集体办公室坐下了，开始说"记得那时候……"这时下属们就会有捂住耳朵的念头，心里无声地默念：天哪！又开始了。久而久之，办公室里的下属们都背后称呼王经理为"吹牛大王"。

最近，办公室里新来了一位同事小吴，虽然在办公室待了

几天，也听说过王经理的绰号，但小吴似乎并不反感王经理的自我吹嘘，而且小吴还会适时说两句好话。这天，王经理又坐在办公室里"吹牛"了，"记得那时候，我一个人南下来到这座城市，当时我就知道，在这个城市会有我的一席之地，我一定会找到属于我的那片天空。我发誓，我一定要在30岁之前挣足100万。"坐在一旁的小吴赞美道："真是很有志气！一听这话就是做大事的人说的，哪像我们的目标，可能只是为了混顿饭吃而已。"这句话很受用，王经理脸上堆满了笑容，继续说道："就是凭着年轻时的这股锐气，我当时有了创业的想法，在深圳开了一家餐馆，虽然只有5张桌子，但生

意好得出奇，我从来不觉得自己有经营方面的能力，但通过这个事情，我知道了……"在这个过程中，小吴不时附和"确实是这样""天哪，您是怎么想到的""您真不愧是做大事的人，连这样的想法都跟常人不一样"，同时以敬佩的眼神看着王经理，王经理越说越兴奋，同时，他对小吴也越来越信任了。

通常情况下，喜欢吹牛的人最喜欢听的就是赞美的话，即便这不是真的，听上去还是会令人很舒心，而最令他们尴尬的事情，就是被人拆穿或不理不睬，因为这都无法满足其吹嘘带来的虚荣感。如果你的领导喜欢吹牛，那不妨成全他这个特殊的"爱好"，适时送上几句赞美，或戴几顶高帽，领导高兴了，你的职场前程也就有希望了。

金钥匙

在古代，纵横家在进谏前，通常会先说一些让皇帝舒心的话，然后话锋一转，直奔主题，这样一来，就可以在未触怒皇帝的前提下达到自己进谏的目的。在现实工作中，下属主动与领导搞好关系，可以有更多施展才华的机会，这算是一件好事。因此，如果你的领导有虚荣心，那作为下属，不如多赞美几句。

第9章

忠心可鉴，职场中表达无条件服从赢得领导信任

第一节　尽职尽责，恪守本分

曾国藩曾说："安分竭力，泊然如一无所求者，不过二年，则必为上官僚友所钦属也。"意思是说，只要你在工作岗位上安守本分，竭力做事，内心淡泊宁静，一无所求，不超过两年，就一定会受到领导的赏识和认可。曾国藩所倡导的是中庸之道，即便你比领导再有能力，也需要循规蹈矩，安分守己，千万不要在办公室或同事面前说一些越位的话，即使你不是当着领导的面说这些话，这些话也总有一天会传进领导耳朵里，到时候你只能吃不了兜着走。下属需要记住这样一句话：职场如战场。当我们羽翼未丰时，最好是恪守自己的本分，安分守己，做一个顺从的下属。

小李在公司工作了五年了，一直担任总经理秘书。在公司，大家都知道这位红人，他几乎可以决定公司大大小小的事情，其风头都快盖过总经理本人了。有时候，与朋友闲聊之间，小李都忍不住大放厥词："现在这个公司，差不多都是我在掌控了,总算对得起我在这里待的五年啊。"要好的朋友相劝:"你这样的状态比较危险啊,如果你的上司察觉到你的威胁性,就会毫不犹豫地选择弃用你,还是谨慎一点好,毕竟在这么大的公司,那些风言风语免不了会传进上司的耳朵里。"这时候,小李总是哈哈大笑:"没事,他最看重的就是我。"

有一次,总经理去外地出差了,公司只留了小李这个秘书。赶巧的是,公司来了一位大客户,小李决定不请示总经理,自己直接接待这个客户,等谈成了这笔业务,再打电话给总经理,给他一个惊喜。同时,也可以稳固自己在公司的地位。可是,没想到,小李高估了自己的能力,大客户并没有答

应签订合约，而是给予考虑之辞。小李当即打电话给总经理，在外地的总经理大发脾气："谁让你自作主张的？"再加上总经理时常在公司听到一些风言风语，使得他对小李完全失去了信任。

在职场，时常有一些地位高、名气大的人陷入了事业的困境，原因之一就在于不懂得安分守己，总是说一些越位的话，以为自己是有功之臣。可是，他们都忽视了一个重要的问题，那就是遵循职场的规则，如果你真的为公司尽力了，领导也会看在眼里。

金钥匙

在现代社会，许多人无所顾忌，任意妄为，大胆跨越雷池，总是事事敢为人先。其实，他们并不知道，任何一个名利之下的诱惑中，可能都隐藏着一个陷阱，你的言语稍有越位，就有可能落入圈套，到时候，你就可能再也没机会东山再起了。事实上，每一位领导都有危机感，当身边的人号召力越来越强，他会毫不犹豫地选择"排除异己"。因此，遵守规则，安分守己才是稳妥之道。

第二节　主动及时地汇报工作，让领导对你放心

在日常工作中，下属有一项看起来比较琐碎但实际很简单的工作，那就是——向领导汇报。汇报工作可以分为主动汇报和被动汇报。主动汇报就是自己主动向领导汇报工作的进展情况，被动汇报工作就是当领导询问起来时，下属所作的汇报。对领导而言，他们都乐意听取工作汇报。但在现实工作中，许多年轻人将向领导汇报工作看作一件无关紧要的事情。他们天真地以为，只要自己出色、圆满地完成了任务，就万事大吉了。一旦领导看到自己的工作能力，自然就会作出公正的判断。但结果是，这些有着天真想法的下属并没有得到应有的重视。

一般而言，领导所部署的工作是极其繁杂的，所完成的时间也有差异。工作时间的长度不一样，下属的做法就应该不一样。对于那些较长时间才能完成的工作，需要经常地向领导汇报工作进度情况，让领导及时地了解自己的工作进度。如果下属不主动汇报自己的工作，便会让领导产生疑问：下属每天都在忙，到底在忙些什么呢？因此，作为下属，一定要养成主动

汇报工作的习惯，这会让领导更放心。如果你能及时地、主动地向领导汇报工作，一旦出现问题，就可以及时地得到纠正。

小辉是一位工作能力比较强的人，他来公司已经近两年了，虽说为公司做出了不少成绩，却得不到领导的重用。小辉百思不得其解，同事中那些不如自己的人，个个都混得了一官半职，就只有自己还在原地踏步。

这天小辉在公司值班，他们公司是生产玻璃瓶子的，他平时工作就很细心，容不得半点差错。因此，小辉几乎是不敢眨眼的，两只眼睛盯着机器的运转，希望每个环节都不要出事。可就在小辉巡视车间时，发现本来均匀的原材料竟然冒出了气泡，这可是不合格的。怎么办？小辉看了看时间，已经是23时了，这么晚了，估计领导都休息了，自己先看着，明天再汇报吧。结果小辉一晚上没合眼，幸亏那气泡不是很严重，只出了十几个次品，小辉也没打算向领导汇报这个情况。

不知道领导在哪里知道了这件事，赶紧让小辉去了办公室，领导大发雷霆。拍着桌子说："你为什么不主动向我汇报产品的情况？你知不知道像昨晚那种情况，如果不是今天这样的结果，你几乎酿成大错，小辉，你不是一直很想知道自己为什么不被重用吗？其实原因很简单，因为你从来没向我主动汇报过工作，我不知道你一天在忙什么，忙出了一些什么成绩，如果你不与我交流，我怎么了解你工作的相关情况呢？又怎么会重用你呢？"

案例中，由于小辉从来不主动向领导汇报工作，让领导失去了对他的信任，即便他很有工作能力，但若不及时与领导沟通，再大的本事也枉然。作为下属，主动及时地向领导汇报工作，不仅能让领导对你很放心，还能在你与领导之间建立良好的互信关系，让领导可以主动地对你的工作予以指导，从而帮助你更顺利地完成工作。

金钥匙

有的下属不愿意主动向领导汇报工作，其实是没有摆正心态，他们对领导存有畏惧之心。有的下属，特别担心在工作中出现纰漏或错误，唯恐领导责备，害怕向领导说到工作的情况。有的下属迫于周围同事的压力，他们认为，多向领导汇报工作就会被同事误认为是在打小报告，最终这些心态影响了他们汇报工作的态度。对此，下属应该清楚，主动汇报工作本身就是工作的一部分，你越是能及时主动地汇报，领导就越放心。再说，身正不怕影子斜，只要你是真的在汇报工作，管其他同事说什么，做好自己的工作就行了。

第三节　巧言表忠心，让领导信任你

担当，就是有承担责任的勇气。当领导在安排工作时，我们就可以用担当之言，向领导和同事展示自己的能力和实力。担当之言，可以给上下级都带来很实际的作用。对下属来说，自己表露了担当之言，这就会成为一种动力，促使自己更有效、更快速、更完美地完成工作；而对领导而言，有了下属的担当之言，就能对他所要完成的工作既放心又有信心。更为关键的是，在下属表露担当之言时，领导会很容易被下属的精神所感动。

诸葛亮挥泪斩马谡可以说是千古传诵的故事。在这里，我们以另外的角度来欣赏这个故事：

当时，诸葛亮为了实现统一大业，发动了一场北伐曹魏的战争，他命令赵云、邓芝为疑军，占领箕谷，他则亲自率领十万大军，突袭魏军据守的祁山。而应命谁作为前锋，镇守战略要塞街亭呢？作为诸葛亮身边的得力助手，马谡主动请缨，愿意担此重任。诸葛亮有些犹豫，虽然马谡熟读兵书，但从未实践过，真的可行吗？这时赤胆忠心的马谡马上立下了军令状，如果不能完成这一重任，愿取下项上人头。诸葛亮看到了马谡内心的担当，答应了他的请求，但临出发前再三叮嘱："街亭虽小，关系重大，它是通往汉中的咽喉。如果失掉街亭，我军必败。"

马谡当然知道街亭的重要性，但他太过自信，虽然熟读兵书，但这么多年都是纸上谈兵。因此，在军事部署上，他擅自做主，将大军部署在远离水源的街亭山上，旁边的副将劝阻，马谡却不听，反而很自信。结果，这样的部署为后面的失掉街亭埋下了伏笔。曹魏那边，在司马懿的策划之下，最终街亭失守，战局骤变，迫使诸葛亮退回汉中。

作为主要将领的马谡，将对这件事负全责，临刑前，马谡上书诸葛亮："丞相待我亲如子，我待丞相敬如父。这次我违背节度，招致兵败，军令难容，丞相将我斩首，以诫后人，我罪有应得，死而无怨，只是恳望丞相以后能照顾好我一家妻儿老小，这样我死后也就放心了。"诸葛亮只好挥泪斩马谡。

在这个案例中，我们姑且不论马谡大意失掉了街亭，但就马谡在接到任务之前所立下的军令状以及临刑前的那番话，足以见其赤胆忠心："丞相待我亲如子，我待丞相敬如父。这次我违背节度，招致兵败，军令难容，丞相将我斩首，以诫后人，我罪有应得，死而无怨。"马谡话语中尽显担当之言，也难怪诸葛亮会"挥泪"，失去这样一个赤胆忠心的下属，确实痛心疾首啊。

金钥匙

在日常工作中，特别是接受急、难、险、重等特殊任务时，下属要善于表达自己的担当之言，这样领导才会感受到你内心的担当与责任。可以向领导保证"我会好好干的""您放心，这件事交给我去做没有问题的""您所说的每个细节我都记下了，我一定不会让您失望的"。通过这样一些语言，一方面可以让领导放心，吃一颗定心丸；另一方面，可以让领导感受到自己所具备完成工作的实力与能力，以及那份炽热与激情。

第四节 专注手头事，别推卸责任

在工作中，每个下属都应该有责任心，责任是个人对工作所负责的认识、情感和信念以及与之相应的遵守规范、承担责任和履行义务的自觉态度。对下属而言，责任是个人价值实现的基础。因此，培养对工作的责任心，是对自己职场生涯发展负责。那些凡事能够作出一番成就的人，都是懂得为自己的过失买单并且敢于承担责任的人。

在工作中，下属应该努力把自己培养成一个负责的员工，绝对服从领导的指挥。当下属可以主动、自觉地尽职尽责，就可以获得满意的情感体验，同时，还可以赢得领导赞许的目光。如果工作中真的需要自己去承担某一部分责任，作为下属，我们应该当仁不让，努力做一个绝对服从的好员工。

上周一，王经理将接待客户的事情交给了下属小张。当时，距离客户实际到达时间还有好几天。因此，王经理是这样交代的："之所以提前这么多天向你布置这个工作，是因为这个客户很挑剔，比如对所订的酒店以及餐饮，他都有严格的要求，因此你需要花几天时间去准备，切记做到万无一失。"小张点点头，拍着胸脯保证："王经理，放心吧，我一定会办好的。"

谁知，经过多天的准备，在接待客户时还是出现了问题。那位脾气很大的客户直接打电话给总公司投诉，而负责这件工作的王经理首先被批评了一顿。王经理回到办公室，找来了具体负责接待客户的小张，质问道："我给你一周的准备时间，你都干什么了？"小张低着头，辩解："本来我也是做足了准备工作的，谁料，这个客户比传说中还苛刻，我真是受不了。宾馆无线网络设置不太好，结果也成了他投诉我们的理由……"王经理听了很生气，说道："事情没办好，你倒推卸起责任来，我当时可是很明白地告诉过你，这个客户很重要，同时很挑剔，希望你能与之好好协商，将所有的住宿工作安排妥当，结果你呢？现在竟然跟我东扯西扯，你觉得这是你应有

的工作态度吗？"小张嘟哝着："这件事本来就是这样。"王经理挥了挥手："现在我也不想跟你说下去了，你下去写份检讨书。"

在案例中，小张所说的"本来我也是做足了准备工作的，谁料，这个客户比传说中还苛刻，我真是受不了。宾馆无线网络设置不太好，结果也成了他投诉我们的理由……""这件事本来就是这样"，这些都是推卸责任的借口。在职场上，这样的下属不在少数，他们在应承的时候，总是拍着胸脯说"没事，包在我身上"，一旦事情没办好，就开始推卸责任。这种类型的下属只会让领导厌恶，从而失去了领导的信任。对此，下属对于领导，一定要绝对服从，绝不说推卸责任的话。

金钥匙

在工作中，下属对领导的服从不仅表现在行为上，还需要在语言中表现出来。比如，接到领导布置的任务，只要自己能应付过来，就需要顺从"行，没问题"；当工作在进展途中出现了一些问题，也要善于服从，接受领导的批评，主动承认自己的失误"实在不好意思，这次都是我的疏忽大意，我会负责到底的"。作为下属，不仅说到，更需要做到。这样领导才会感觉到你的责任心，才会信任你。

第五节　抱怨，只会让领导者厌恶你

工作中可能会有很多烦心的事情，比如刁钻的客户、使坏的同事、严厉的领导等，这些事情简直可以说是层出不穷，让人不胜其烦。于是，下属开始见人就抱怨了，一边埋头工作，一边对工作不满；一边在完成任务，一边愁眉苦脸。这样的场景若是被领导看见了，他会认为你是一个干扰工作、爱发牢骚的人，只知道对工作环境发牢骚、泄怨愤。实际上，领导很反感那些有事没事就抱怨的下属，因为领导的工作已经够忙的了，他根本没有心情来听你抱怨。所以，作为下属，需要避免抱怨，表现出积极的工作态度。

约翰是麦当劳的一名普通员工，每天的工作就是不停地做很多相同的汉堡，没有什么新意，但是他从来不抱怨，而是非常快乐，从来都是用满怀善意的微笑来面对他的顾客，几年来一直如此。他这种真挚的快乐，感染了很多人。有人不禁问他，为什么对这样一种毫无变化的工作感到快乐？究竟是什么让他充满热情？

约翰回答道:"我每做出一个汉堡,就知道一定会有人因为它的美味而感到快乐,那我也就感到了我的作品带来的成功,这是多么美好的事情。我每天都会感谢上天给我这么好的一份工作。"

由于约翰的快乐心情,这家店的生意越来越好,名气也越来越大,最后终于传到了麦当劳公司总管的耳朵里,于是,约翰得到了总公司的一个重要职位。

喜欢抱怨的人,其内心是消极的,他们总是处于失望、绝望的情绪中,发现工作中没有一件事情是称心如意的。于是,他们以抱怨的方式来发泄内心的糟糕情绪,但越是抱怨,情绪就越差,而自己什么都没改变。久而久之,抱怨就成了他们的一种习惯，经常会在领导面前抱怨："我已经连续加班一个月了，这样下去我怎么受得了""这个案子真的好难写，我实在写不下去了"。而聪明的下属则总是在领导面前表现自己快乐的一面，这会在某种程度上感染领导，从而获得领导的赏识。

金钥匙

实际上，在领导面前抱怨根本不是明智的举动，除了把他的心情也变得糟糕以外，你得不到任何帮助。睿智的领导者觉得，一个经常抱怨的下属是难以成大事的，因为当别的同事在努力工作时，他却在抱怨工作进展不利。反之，一个能从极其枯燥的工作中感受到快乐的下属，是很容易成大事的，因为他积极乐观。

第10章

把握心理距离，职场交谈也有尺度可言

第一节　安分守己，谢绝职场八卦

在日常工作中，作为下属需要注意：不要随意与领导谈论同事的事情。如果你在领导面前搬弄同事的是非，或无中生有地谈论同事的缺点和不足，在以后的工作中，领导也不会愿意与你过多接触，更不愿意听你说那些乱七八糟的事情。在工作中，我们与同事、领导的亲疏距离是一样的，跟同事是竞争关系，跟领导是上下级关系，我们与同事都是直接受领导管理的。试想，在这样一种错综复杂的敏感关系中，你若是随意与领导谈论同事的某些事情，等于给自己的职场前途搬来一块绊脚石。

对领导来说，处于这样的位置，他们能够看清楚每个人，眼光比一般的人更长远，更深邃。如果真的需要了解同事的一些情况，聪明的领导都会自己观察。如果你不讲原则地在领导面前说同事的事情，哪怕是向领导提供再"有用"的信息，也是大错特错的。通常来说，如果领导想知道某位同事的情况，并想通过你侧面了解，他自然会主动向你询问。作为下属，要做好下属应该做的事情，说下属应该说的话，领导询问，你就实话实说，若领导没问，那下属也没有必要主动开口说。

这天中午，小张去办公室向经理递交文件。就在经理正看文件时，小张随口说了一句："最近也不知道小李怎么了，工作也没精神，今天早上竟然破天荒地迟到了。"经理头也不抬，应付道："估计是他自己出什么事情了吧，调整调整情绪，应该很快就会恢复正常的。"

小张听了经理的话，并没有停止说话，而是越说越起劲："好像听说是跟女朋友闹分手，其实我们一起工作一两年了，我也多多少少了解他跟他女朋友的情况，两人大学就开始好上了，但大学毕业后，现实问题就摆在了面前，房子、车子、钱，这些都是问题。小李跟我一起进的公司，那会儿跟

他女朋友感情还很好呢，结果不到半年，就听说有个富二代在追他女朋友。刚开始，他女朋友坚决拒绝，可后来，竟然决定要和小李分手，这不，小李这两天正痛苦着呢。"

经理已经看完了文件，签了字，似笑非笑地看着小张："看来，你在办公室人缘不错嘛，同事的事情你都弄得一清二楚。"听到经理第一句话时小张还笑呵呵的，但听到第二句话，他脸红了，这才意识到自己不该在领导面前说小李的这些事情。

通常情况下，那些随意说同事私事的下属在领导眼中，无非只有两个标签：说三道四、不可靠。如果你连自己的工作都没做好，就去说这些事情，那领导更有理由责怪你"不好好工作，乱嚼舌头根子"。到时候，你只会让领导心生厌恶。

金钥匙

所有关于同事的事，不管是好事还是坏事，都不需要在领导面前随意说起，即便是领导问起来，作为下属，也不要多说，只是实话实说就行了。因为你所说的都是同事的事情，毕竟你不是同事本人，许多事情你也不清楚其中的内幕，在没有任何根据的情况下，你在领导面前说这些话，对自己很不利。一方面领导会觉得你不可靠；另一方面，同事若是知道了，也会失去对你的信任。这样一来，你就会陷入两难的境地。

第二节 沉默是金，领导的事无需下属置喙

下属在与领导沟通的过程中，需要掌握一定的分寸，该说话时一定要说话，不该说话时绝不开口。特别是领导在场的情况下，对某些问题或一件事情，不要妄加评论，假如你的意见与领导相悖，那就相当于当面给领导难堪。做一个聪明的下属，要懂得适时闭上自己的嘴巴。在没有得到领导允许的情况下，下属妄加评论是不恰当的。

有一次，小李跟着领导去拜见法国老客户，当客户拿出自己的产品时，没见过大场面的小李眼睛都直了，领导还没开口，小李就直称赞："这产品真漂亮，这是我见过最漂亮的东西，这个东西一定很贵吧。"客户用生硬的中文回答说："不贵，只需要人民币五百块。"旁边的领导脸色有点凝重，似乎觉得价格贵了，但小李没注意到领导的脸色，继续说："我觉得价格还可以接受，您要不说，我还以为需要一千块人民币呢，这么便宜啊，张经理，你觉得呢？"兴奋的小李没意识到自己是下属的身份，反而以领导的口吻来询问张经理的看法。这时，领导的脸色已经变了。

后来，张经理有许多公干的机会，但都带了其他的下属一同前去，因为在他看来，小李是一个说话不注意分寸的人，这样的下属在自己身边，会给自己带来不少麻烦，让自己丢面子。

在工作中，有时候领导会面对你说一些其他下属的问题，这时同作为下属，也不要妄加评论，至少在领导需要你开口之前，你需要保持沉默。如果由于你与那位同事曾经有矛盾或冲突，从而妄自评论，就会在领导脑海中留下这样的印象：这个人背景很复杂，因为他的对立面很多；这个人不太会处理关系，不是很合群；这个人品质不太好，企图利用领导来肃清自己的对立面。所以，该沉默就沉默，不要多说一句话。

金钥匙

在与领导沟通的过程中，需要多听少说。尽量保持沉默，反而会让领导觉得你是一个善于言辞的下属。反之，你说话太多，该说不该说都在说，甚至当着领导的面，妄自发表意见，那就是驳了领导的面子，他会认为你沟通能力有问题。当然，有些下属并不知道自己什么时候该说，什么时候该沉默。如果你实在不知道，那就遵循一个原则：领导要求才开口，此外，多余的话一句也不要说。

第三节　谨慎表达，说话不要挑战领导权威

在人际交往中，软肋就是别人的短处，或者是别人最不愿意提到的话题。在生活中，每个人的心里都有那么一些不想被人伤及的软肋，对领导来说也是这样。他在工作或生活中，总会出现一些缺憾。与大多数人一样，领导最不愿意和别人提的就是自己的缺点和短处，而且，他们这样的心理会更强烈。因此，每个下属都应该记住：领导的软肋就是谈话的禁区。

有一天，小枫在办公室里与同事聊天，他们聊到了"当领导好还是当下属好"这个话题。小枫说道："如果一定要我选择，我还是选择当下属，当领导太累了。比如我们的领导

吧，在他上面还有领导，你们别看他在我们面前表现得很有能力的样子，到了他的上级领导面前，还不是点头哈腰。在我看来，领导每天都需要装出两副面孔，看着就别扭呢。"同事笑着说："不过，当领导还是好啊，起码人家的薪酬福利比咱们好，人家还有权，能指挥咱们，让我们干什么就干什么，他让你向东，你不敢朝西，这些咱们可都没有啊。"

这时，小枫满脸不屑："那只是暂时的情况而已，我说啊，要是哪天公司垮了，首先遭殃的就是他！如果你要问为什么，那就是他比我们拿的工资多，但很多东西却一点也不懂，你说公司要垮了，上面是要他这样的庸才领导，还是要我们这样的技术工？"小枫以为自己的话会引来大笑，但并没有，他没看到领导已经站在了他身后，继续说："我说的可都是真的，尤其是毫无工作能力的领导，公司出了事情，第一个倒霉

的就是他。"这时他回过头来,才发现领导就站在自己的后面,他顿时感到很尴尬。

领导脸色没怎么变化,只是宣布:"我是来向大家宣布一个消息的:刚才总经理开会时说我们要在两个月之内裁员两名,我一直在想,我们大家都挺努力的,到底让谁走好呢?"领导的眼光一下子看准了小枫,这时小枫什么话都说不出来了。

下属应该记住:无论在哪里,攻击领导的软肋,谈论领导的缺点,都是致命的错误,都可能直接断送自己的职场前途。在办公室里,人多眼杂,如果你不在这里好好工作,而是胡说八道,谈论领导的软肋,无疑是自毁前程。或许你会觉得私底下与同事说很安全,其实并非如此,跟同事说,你的那些话一样有机会传到领导耳朵里。

金钥匙

在日常工作中,通过平时与领导的接触,下属都了解领导身上存在着哪些缺点,或是哪些不足。但我们不能因此就忽视其领导的身份,经常在办公室大说领导的缺点,或取笑,或讥讽,这样的行为都是禁忌。无论用什么样的方式,也不论你是有心的还是无意的,一旦触及了领导的软肋,说话触碰了禁区，那最后倒霉的只有你自己。

第四节　与领导关系近，也不可口无遮拦

作为下属，在与领导沟通的过程中，还需要把握彼此之间的亲近尺度，切忌说话太随意。换句话说，下属说的话应该符合自己的身份。作为下属，不要以为自己的领导很随和，更不要觉得领导的年龄与自己差不多，就可以在他面前说话毫无顾忌，不分职位高低，说话很随意。应该谨记：即便是性格很随和、年龄比自己小的领导，他们内心深处也会有一种强烈的自我意识，因为他们处在领导这样特殊的位置上。因此，下属在言语表达中，就需要注意职位高低的差别，即便你私底下与领导关系很密切，说话也不要太随意。与领导说话，认清双方的角色是很重要的。

小琪是一家报社的记者，她平时很喜欢看文章和书，特别喜欢工作之外有更多的私人时间。上班第一个月，她感觉还不错，基本上不用加班，她觉得这份工作还真不错。

到了第二个月，报社来了很多新闻素材，领导经常让小琪去现场采访。一开始小琪还觉得很新鲜，后来就感到疲惫了。在连

续加了三天班后的一天，她正准备下班回家，这时领导进来了，说道："小琪，你先别走，社里有一个非常重要的客户来了，你帮忙招待一下。"平时小琪说话随便惯了，尤其是当自己很累的时候，她也顾不上领导的面子了，只感到疲惫和委屈，所以很没好气地说道："凭什么叫我接待啊？我已经下班了，当时招聘我来的时候，你们也没说过要干这么多事啊！"这时旁边的另外一位同事赶紧说："我去接待吧！小琪可能有事。"

回家的路上，小琪觉得自己对领导说话太随意了，不过，她也在为自己辩解：我已经连续加班三天了，很疲惫了，领导应该知道啊。没想到，两个月后，那位代替小琪去接待客户的同事升为主管，这时小琪才醒悟：都是自己说话随意惹的祸。

在日常工作中，许多下属喜欢幽默、风趣地说话，时不时还会跟同事开玩笑。几乎没有人会讨厌这样的说话，因为风趣

会让人更容易亲近，我们经常说，幽默是人际关系的润滑剂。虽然风趣说话是一件好事，但若用在与领导说话时却是不太好的，其中最关键的就是与领导说话不能太随意，即便是开玩笑也需要符合双方身份。通常下属与领导开玩笑，目的就是赞美他、抬高他、尊重他，玩笑的内容应该是善意的、积极的，让领导觉得中听的。反之，如果太过随意，不懂得把握分寸，就很容易招致领导的反感。

金钥匙

在日常工作中，下属与领导的关系既不能特别亲近，也不能过分疏远，这就需要下属掌握说话的技巧。你可以像朋友一样关心领导，却不可以像朋友一样与领导开玩笑。对领导说话，不能太随意，要时刻记住彼此之间是有距离的，如果你擅自跨越这样的界线，那领导就会对你心生反感。

第五节　说话可以率性，但不能太随性

与领导说话，需要把握真诚，即使说话坦率也要掌握分

寸。在日常工作中，有不少的下属惧怕领导，不愿意与领导交流，总将问题放在心里，这样会让自己承受巨大的压力，寝食难安。实际上，与领导说话，远不如想象中那么困难。下属只要主动找到领导，真诚地和领导把事情说清楚，领导反而会对你产生好感，他会觉得你是一个值得培养的下属。当然，在与领导说话的过程中，说话直率一点是可以的，但也要掌握分寸，有些话不能太直接地说给领导听。

下属与领导顺畅沟通的真正秘诀，是自信而不张扬，真诚而不过分直率。只有你与领导坦诚相待，才能领会领导真正的想法，以此才能促进上下级之间的顺畅交流。此外，我们之所以主张与领导说话不能过分直率，也就是不能在领导面前什么话都说，需要掌握一定的分寸。

肖翔是服装公司的业务经理，以前他每次向主管汇报工作方案并征求其意见时，主管总是让他自己拿出解决方案。在这段时间里，肖翔很苦恼，他真的不知道自己的领导到底在想什么，他感到了无助和恐惧，觉得自己没办法与领导沟通了。

无奈之下，肖翔决定与主管进行一次开诚布公的谈话。这天，他观察到主管心情比较好，于是，他敲开了主管的门，说道："我最近有一些思路要向主管汇报。"主管点点头，并招呼他坐下。肖翔深深地吸了一口气，对领导说："我很喜欢这个工作，很热爱公司，而且很希望在领导的带领和支持下提高自己的能力，为领导多分担一些责任。"主管面带微笑地看着他，肖翔继续说道："不过，最近发生了几件事情，让我感到很困惑，有时候不知道您的真实想法，我真心地希望您能帮助我，给我更为明确的指示和指导。"这时主管已经明白了肖翔的意思，他回答说："你每次让我给你提建议时总是具体地问这个计划行不行、那个问题怎么解决，由于我不在第一线，所以没办法给你具体的指导，因此只好叫你自己去找办法了。"

这次真诚的交流，最终将上下级之间的心结化解开了。

在案例中，由于肖翔的真诚说话以及主管的回应，让他明白了自己与领导沟通不畅的症结所在。当然，在这个过程中，是他真诚而直率的表达让领导了解了自己，打动了领导。

金钥匙

若是要问什么样的说话方式才能打动领导？那答案就是：真诚。作为下属，如果发现了与领导沟通存在着一些问题，就需要真诚地向领导说出来。当然，在这个过程中，如果你觉得领导在某些方面有不足的地方，这时不需要太直率，而要将更多的责任归结给自己，这样能够很好地维护领导的面子。当然，大部分领导都会看透其中的玄机，既然你那么坦率，领导也会真诚地与你展开交流，从而促进上下级之间的畅快交流。

第六节 工作场合，不要提及领导私事

领导，是因工作关系而形成的一种身份象征。任何一个下属在工作中都应该公私分明，公事找领导说，私事找亲人朋友说，这才是正常的人际交往。在现实工作中，许多下属很容易混淆这种关系，有的下属很坦诚，将自己的私事一股脑儿地透露给领导，事后还觉得自己是在和领导"交心"，孰料这样的举动会使得领导对你唯恐避之不及。

老王所在公司的领导班子前不久重新调整了，由于老王是公司的老同事，又是业务上的尖子，公司领导的更替对他来说影响并不大。新领导到任之后，也经常找老王了解一些情况，老王经常抱着坦诚的态度与领导交换意见，将自己的看法、想法毫无保留地汇报给领导。

　　当然，在与领导接触的过程中，老王也注意着说话的分寸，他只是简单地介绍了一些业务上的情况，没有涉及领导的事情。即使有几次，新领导问他对前任领导的看法，老王也没有细说，他知道说这些话是犯忌的。但既然有些公司的事情不能说，老王心想：那就说说我的私事吧，说不定能与领导拉近关系呢。于是，他跟领导说了自己这几年的情况，包括遇到的一些问题和苦恼，因为公司总有几个人对他心怀叵测，前任领导还在的时候就一直在背后使坏。老王觉得既然新领导已经来了，应该让他知道一下，否则，要是那几个同事抢占了先机，自己岂不是又要遭陷害？

　　不久，新领导进入了工作状态，开始点起了三把火中的头一把——走马换将。在许多人看来，包括老王自己都觉得他肯定能更上一层楼，顺利地荣升处长。但最终的结果却让老王很失望，他不但没被提拔，反而随着一纸任命，老王被调到了档案处当副处长。明眼人一看就知道，虽然同是副处长，但从主要业务部门的副处长平调到档案处当副处长,那就相当于被降级使用了。

面对这样的结果,老王百思不得其解,猛然想起自己曾将个人私事透露给了领导,难道是因为这个?

确实,老王的猜测是正确的,正是老王自以为是地将个人私事透露给领导,因此才造成了领导对他的不信任。即便老王的本意是想拉近与领导之间的距离,但给领导的感觉却是:这个人不太可靠。结果,好心办坏事,还害了自己。什么时候和领导说自己的私事,和哪位领导说自己的私事,和领导说自己哪方面的私事,要选准领导,找到时机。

> **金钥匙**

朋友是可以彼此交心的，朋友之间是无话不说的，假设你与领导是朋友，你想对领导说自己的私事，也要考虑和领导的亲近程度，以及时间、地点等客观条件。领导者是睿智的，他谨慎地保持着与下属之间不亲不疏的关系，一旦人为地打破了这种关系，无论你所遇到的是哪种类型的领导，你的职场前途都将岌岌可危。

第七节　说话点到为止即可，不必长篇大论

多听少说，避免言多必失。在日常工作中，与领导进行语言交流更需要如此。为了建立良好的交际关系，为了表达或交流思想感情，话不在多，而在于你说得是否有用。你说得越多，暴露的信息就越多，领导就越容易看清你这个人。我们在开口之前，需要让自己的脑子多转几个圈，把那些多余的废话转掉，说话简单明了，让领导一听就懂。

在工作中，一个冷静的倾听者不但受人欢迎，而且会逐渐

知道许多事情，而一个喋喋不休的人像一只漏水的船，每个搭客都会逃离。若要说话，就应该掌握说话的技巧。在领导面前，尽量做到多听少说，一旦开口说话，就要言之有物，否则就应该少说。自己毫无把握的话不要说，言不由衷的话不要说，无中生有的话不要说，伤感情的话不要说，粗言腐语不要说。与领导进行语言交流，要言简意赅，而不是夸夸其谈，滔滔不绝。

据说朱元璋当皇帝以后，想攀附他的昔日伙伴很多，其中一位来对他说道："我主万岁！当年微臣随驾扫荡庐州府，打破罐州城，汤元帅在逃，拿住斗将军，红孩子当兵，多亏菜将军！"朱元璋没想到此人还算聪明，把话说得得体、含蓄，并没有让自己丢脸，于是心里很高兴，回想起当年大家饥寒交迫时有福同享、有难同当的情形，心情很激动，立即重重封赏了这位老朋友。

当得知那人得到封赏的消息，另一个当年有恩于朱元璋的伙伴心想，自己有恩于他，朱元璋应该会给自己更多的封赏。于是，他也来到京城求见朱元璋，朱元璋还是同样很高兴地接见了他。正当朱元璋要宣布同样重重封赏他时，他不知是紧张还是高兴的原因，站起来指手画脚地在金殿上说道："我主万岁！你还记得吗？那时候咱俩在一起放牛，有一次我们在芦苇荡里，把偷来的豆子放在瓦罐里煮着吃，还没等煮熟，咱们就抢着吃，结果把罐子都打破了，将豆子撒了一地，您只顾从地下捡豆子吃，一不小心红草根把您的喉咙卡了，还是我出的主意，叫您用一把青菜吞下，才把那红草根带进肚子里的……"

他还在继续说着，但此时朱元璋的脸早已变了颜色。朱元璋心想这人竟敢当着文武百官的面出自己的丑，又气又恼，为了维护自己的面子，只能喝令道："哪里来的疯子，来人，把他拖出去砍了！"

上面故事里的两个人，在同样的条件下，一个人凭借着三寸不烂之舌而升官发财，原因在于他懂得少说话，多倾听；后面那位却因话太多，遭到了灭顶之灾。可见，在领导面前说话，言多必败，言多必失，多听少说显得尤其重要。

金钥匙

对下属来说，既要说话，又要说得妙、说得准，这实在是一门艺术。在领导面前，最好多倾听、少说话，如果到了非说不可时，那就应该注意自己所说的内容、意义、措辞、声音和姿势，说该说的话，不该说的话一句都不要说，以免言多必失。

第11章

言语有道，拒绝要用点心理策略才能不伤他人面子

第一节　以和为贵，拒绝要委婉客气

巧妙拒绝是一种艺术，不会让领导心里产生不快的情绪，这才是高明的拒绝。虽然拒绝是很难的，但在不得已时还是会用到拒绝。事实上，只要你能够很好地运用拒绝的艺术，它最终带来的并不是一定尴尬。当然，没有人喜欢被拒绝，所以，在工作中拒绝别人时，不要急切、直接地表达出自己的立场与观点。我们应该掌握必要的沟通技巧，既不伤领导面子，又能委婉地拒绝，尽量降低拒绝产生的负面效应。

领导需要管理的是整个团队，并不只是某一个人，保持自己的权威性对他来说十分重要。这就需要你在拒绝时特别注意自己的言辞，选择一个合适的场合，用友好的语调与其交谈，这能让领导感觉到你对他的尊重，感觉到你是在为他维护权威和形象，他就会觉得你是一个善解人意的员工，就会对你产生好感。

张经理总是喜欢给小李布置很多的工作，这天张经理又在给小李增加工作量时，小李鼓足了勇气说："我手里有三个大的项目,十个小的项目,我担心时间安排不过来。"张经理一听,脸色马上变了,说道:"可是,这个项目只有你去做我才放心。"小李只好无奈地表示:"那好吧,我赶一赶。"说完这句话,小李就后悔了。

看到张经理的脸,一个大胆的念头在小李脑海中诞生了:"不过,要按时保质完成任务,我需要几个帮手。"小李轻描淡写地说,张经理有些惊讶,但马上笑着说:"我考虑一下。"原来,小李是这样想的,如果张经理答应给自己派个助手,那就相当于变相给自己晋升,自己的工作也就分担出去了;如果不答应,那他也不好继续给自己增加工作量了。

果然,张经理不仅没有再给他增加工作量,而且还经常跑

过来关心小李的工作情况。

在这个案例中，小李的拒绝方式是成功的，向领导表现自己的难处，得到了领导的理解，当然，在拒绝过程中，也很好地照顾到了领导的面子。因此，张经理在遭到小李的拒绝后，并未对小李产生反感，反而经常询问其工作情况。

金钥匙

在拒绝领导时，我们应做到"以和为贵"，当领导对你提出要求时，不要立即拒绝。立刻拒绝，会让领导觉得你是一个冷漠无情的人，甚至觉得你对他有某种成见。对于领导所提出的要求，不要轻易地拒绝，有时候领导之所以对你有那么多的要求，是对你的一种重视；不要傲慢地拒绝，在拒绝领导的时候，切忌盛气凌人，即便你不愿意去做，也需要保持谦虚谨慎的态度。

第二节　将拒酒词说得"楚楚动人"，激发他人的同情心

酒桌是一个交际场所，这个场所十分考验人。作为下属，

如果你不能喝酒，那么，最好学会拒酒。既然自己的酒量不能让同桌的人痛快，那就凭着三寸不烂之舌让领导们开心。这样一来，你既不会伤了自己的身体，又不会让劝酒者扫兴。在酒桌上，敬酒劝酒是一门学问，拒酒也是一门学问。说到拒酒，分为硬拒和软拒：硬拒就是直接、不留情面地拒绝，比如"我不喝酒"；软拒就是不伤和气地拒酒，比如"不好意思，我一会儿还得开车回家，不能喝酒"。实际上，对待领导的轮番敬酒，我们要学会"软拒"，而不是硬拒。

酒桌上，几个领导都喝高了，还在那里轮番敬酒，小张已经感觉到自己不行了，再喝下去胃肯定出血。但是，领导们似乎并没到放手的时候，这时，销售部的张经理又开始敬酒了，小张挡住酒杯说："我可真不行了，再喝，我的胃都要出血了。"谁料，张经理说："喝！感情铁，喝出血！宁伤身体，不伤感情；宁把肠胃喝个洞，也不让感情裂个缝！"

一听领导说出如此不理性的话，小张笑了，今天真要把这酒给拒了，他回答说："我们要理性消费，理性喝酒。'留一半清醒，留一半醉，至少在梦里有你追随'，我是身体和感情都不愿伤害的人。没有身体，就不能体现感情；没有感情，就是行尸走肉。为了不伤感情，我喝；为了不伤身体，我喝一点儿。"喝得半醉半醒的领导听了这话，马上竖起了大拇指，大笑着说:"不愧是小张,我的好兄弟,说得对,干了这杯酒,咱们马上撤退回家。"

一般情况下,领导在敬酒时都会说一些敬酒的话,这时,不妨巧妙顺着领导的敬酒辞表达自己的拒酒话,以此达到拒酒的目的。

金钥匙

从社交关系来说,领导敬酒应该是好事情,作为下属应该先干为敬,但现实情况却是,如果自己真的身体虚弱,酒喝多了肯定会坏事。因此,面对酒桌上热情似火的领导,下属应该想好拒绝的理由,比如"我一会儿要开车,不能喝酒""我上个月才做了手术,你不想我第二次进医院吧""我的胃一直不好,喝了酒就会出血""我对酒精过敏""我前阵子生病了,正在吃药，医生不让喝酒"等，这些都是司空见惯的理由，而这一切都是为了拒酒，让领导体谅自己的难处。

第三节　职场女性，如何巧妙避开他人骚扰

在工作中，尤其是年轻貌美的女下属，很容易受到领导的骚扰，作为下属该如何巧妙应对呢？在平时的工作中，女下属需要保持对领导的尊敬和礼貌。这种尊敬和礼貌要把握火候和度。在工作以外的时间里，对于领导的一些额外邀请，要学会礼貌地拒绝。

对任何一位女下属来说，尊严都是最宝贵的财富。对于一些性格比较好强的女人，她也许会将自己受到骚扰这件事闹得沸沸扬扬，弄得人尽皆知，最后辞职走人。其实，这样的方式是极不妥当的，虽然你向更多的人宣扬了领导的"恶习"，但与此同时你也将自己卷入了其中。至于"辞职"这样的方式，除非领导的骚扰真的到了很严重的地步，这个方式才值得采纳。但还有一种更聪明的女性，那就是礼貌而有分寸地拒绝，让领导再也"不敢"轻易地骚扰自己。

在《杜拉拉升职记》里有这样的情节：

老板阿发对公司年轻貌美的女职员垂涎欲滴，他通常会叫女职员单独留下，先拍拍肩膀做慈爱状，接着送给她一张五星级酒店的常住卡，然后道出自己当过黑社会小弟的历史，并露出自己胸前的刀疤让女职员摸。这是杜拉拉进入职场后就熟悉的一些情况。曾被骚扰的女同事琳达劝杜拉拉："这种事你要么忍，要么等，等更年轻漂亮的女职员进公司。"

有一次，杜拉拉的经理出去接个电话，杜拉拉坐下来看一份传真。忽然，她感觉老板阿发拿脚在摩挲自己的脚背。当时正是夏天，杜拉拉没有穿袜子，光脚穿着凉鞋，她浑身一激灵，就好像有一只又湿又冷的肥老鼠爬过自己的脚背。于是，杜拉拉将自己的脚抽回来，假笑道："胡总，不好意思我乱伸脚碰到您了。"

面对领导的骚扰，应该听从同事的劝告，保住饭碗，选择沉默吗？选择"忍"和"等"吗？其实，对女下属来说，逃避以及沉默都不是解决领导骚扰的办法，故事中职场女性杜拉拉表示"这种事情不能忍，更不能等"。当然，她也不会采用打耳光或丢饭碗这样的激烈行为来反抗领导的骚扰，她采用了更巧妙的方式来化解这种职场上的尴尬。

金钥匙

面对骚扰，我们应该首先明确态度，心平气和且巧妙地表达出自己拒绝被骚扰的态度，不伤和气，又能让领导知难而退，化解职场上的尴尬。实际上，对于女下属来说，当遭遇领导骚扰时，明确态度很重要。否则，领导会误以为你并不拒绝骚扰，那么他的行为就会更加大胆。女下属还可以与领导的太太成为朋友，当领导有骚扰行为时，借故说："您太太……"这样一来，即便领导吃了雄心豹子胆，也不敢轻举妄动了。

第四节　职场拒绝他人，理由要说得有情有义

下属经常会遇到这样的情况：领导让你做一件事，你马上答应了下来，即便这件事本不该你做，或超过了你的负荷，可能是迫于领导的压力，也许是出于其他的某种考虑，你往往不会去拒绝。其实在工作中，我们可以拒绝领导。当然，对于不同的人，所选择的拒绝方式也会不一样，但是，不管你所选择的是哪种回绝方式，都要掌握好分寸和技巧。而且，每个拒绝

行为的背后都应该有一个理由，这样才能使自己在回绝之中处于主导位置。这需要你所选择的回绝理由必须是客观的，所说的言辞是委婉的，同时你还需要有一定实力。除此之外，你还应该避开一些雷区，比如动不动就以辞职威胁，这样是极为不妥的。

"不论什么事情只要交给小安，我就放心了。"小安进入公司两年，这是领导经常挂在嘴边的一句话。刚开始小安很高兴，但时间一天天过去了，领导交给自己的工作任务越来越多，小安经常听到这样的吩咐"小安，这个方案你负责一下""小安，这个客户你去接待一下""小安，这个项目人手不够，你也参与一下"。

小安手里的事情多得做不完，他心想，也许自己再忍忍就会有升职加薪的机会。但是，每次到了升职加薪时，那机会总是从小安眼前溜过。后来，小安从人事部的老同事那里得知，关于自己的升职一事，中层主管会已经讨论过很多次了，每次都被领导否决了，说小安虽然业务能力不错，但管理能力不足，需要再锻炼锻炼。这时老同事启发他说："你想想，如果你升职了，他上哪儿再去找一个这么任劳任怨的下属呢？"

小安觉得，自己一定要想办法拒绝领导了，可是，该如何拒绝呢？这天，领导又吩咐他："小安，下班后先别急着走，有一个案子还需要你负责一下。"小安略加思索后说："不好意思，领导，今天我妈妈从老家过来了，就是五点半的火车，我得去接一下，您也知道，老年人嘛，腿脚不太方便，我可不放心她跟那些身强力壮的人在火车站挤，而且我妈妈她也不认识路，我必须接她。"领导似乎很理解，挥挥手，说道："行，那你早点回去吧，案子的事情我让别的同事负责。"

在案例中，小安找了一个老掉牙的理由——接人，虽然暂时不会被领导看出来，但下一次再接到领导"加班"的要求该怎么办呢？如果领导意识到自己被下属欺骗了，结果会更糟糕。对此，作为下属，一定要在拒绝领导时，找一个最恰当的理由。

> **金钥匙**

首先，你拒绝领导时所说的理由必须是客观的，只有说出自己拒绝的客观理由，领导才有可能接受。如领导提出的不合理要求，或要求你去做一些违背良心的事情，你可以委婉地拒绝或者可以回绝。但是，如果仅仅是正常加班之类的问题，那么你就要学会忍让，毕竟加班也是无可厚非的事情。其次，你回绝领导的要求时，不能基于主观原因，不能掺杂个人情感，而是要表明自己是为了把份内工作做好，这样的理由才更容易被领导接受。

第五节 拒绝领导，更不可无视领导面子

领导在场的某些场合，说话更需要拿捏好分寸。作为下属，应该随时通过话语展现出自己对领导的尊重，尽量维护领导的威信和权威。我们之所以特别强调公众场合，那是因为越是人多的地方，越是需要维护领导的尊严。下属应该时刻牢记

自己所处的位置。如果真的需要提出不同的意见，我们也应该选择恰当的时机，以幽默的方式提出来，懂得维护领导的自尊心，保住其面子，诙谐而富于策略地提出反对意见，这样领导才会乐于接受。

刘备进入蜀地之后，曾经与益州的刘璋在富乐山相会，当时正好碰到了刘璋的部下张裕。刘备见张裕满面胡须，就开玩笑说："我老家涿县，姓毛的人特别多，县城周围都住满了毛姓人家，县令感到奇怪，就说'诸毛为何皆绕涿而居呢？'"在这里，刘备巧将"涿"代"啄"，意在取笑张裕那张被一脸黑毛遮住的嘴巴。

不料张裕回敬道："从前有个人先是任上党郡潞县县长，后来又迁至涿县做县令。有人正好在他上任前回老家探亲时给他写信，于是便在称呼上犯了难，一时不知称他为'潞长'，还是'涿令'，最后只好称他为'潞涿君'。"在这里，张裕也巧妙借此取笑刘备脸上无毛，立即引得满座哄堂大笑。当时，他们两人不过是开开玩笑，张裕并不在意这件事，但刘备却因自己处于下风而一直耿耿于怀。

后来张裕投到刘备麾下，刘备竟找了个借口要杀张裕。诸葛亮请刘备宣布张裕罪状，刘备说不出什么理由来，竟称："芳兰当门而生，不得不锄去。"

在那么多人的场合，张裕对刘备的玩笑进行回敬，当即给了对方一个小小的难堪，驳了刘备的面子。原以为这不过是和谐气氛时开的玩笑，孰料刘备心眼比较小，一直因自己占了下风而耿耿于怀，于是张裕就这样因为一句玩笑话而掉了脑袋。

金钥匙

在任何场合，下属说话都需要拿捏好分寸，尤其是人多的场合，说话太自满，你所招来的嫉妒对象不仅仅是同事，还有可能是领导。如果你说话处处表现得高人一等，那几乎是驳了所有人的面子。这样一来，领导的面子又在哪里呢？当你骄傲的姿态盖过了领导时，那就是你职场之路陷入泥泞的时刻。

第六节　迂回拒绝，让他人知趣

在工作中，当你想要在领导面前提出一些建议时，不妨先认可领导的说法，再以请教的形式说出自己的建议，这样领导才容易接受。因此，我们在向领导进言时，应该灵活运用各种方法，或是顺势引导，或是以退为进，或是站在领导的角度，并且你在进言时需要避开领导的忌讳。在实际操作时，先不妨指出领导意见的中肯性，然后说出自己的见解，让领导在不知不觉中接受自己的建议。

在办公室，小王正在仔细听总经理的一些建议："我觉得最近大家的工作状态不是很好，是不是我们太急功近利了？或者说过于追求产品的数量，而忽视了其质量，最近我看到不少客户投诉说，质量确实不怎么样，我觉得在下个月的工作中，应该平衡一下质量和数量的关系，尽量放慢脚步，提高质量，否则，数量再多，产品也卖不出去啊……"

坐在一旁倾听的小王微笑着点头，不时沉思，不时微笑，等到总经理说完了，小王回应说："我觉得总经理的想法很好，有的地方我也没想到呢，针对产品的质量和数量方面，我作了一个详细的工作计划，想请您看看，对我的这个计划提出一些建议。"说着，小王一边将手中的计划书递给了总经理，一边说："我觉得咱们可以一方面保证数量，另一方面提高质量，齐头并进，这样的话，对产品的生产和销售都没有任何影响，反而会促进销售……"总经理一边听小王的讲述，一边翻看手中的文件，频频点头，接纳了小王的建议。

我们要善于采纳案例中小王提建议的招数，当我们心中有什么好的想法需要提出来时，不妨以请教的形式开口，"我写了一份关于本月工作的计划书,希望您能帮忙看一看,提出一些建议""我的这些想法可能不太成熟,还需要您指点一二",以这样委婉的方式,领导也不好意思拒绝你,并在看了你的建议书或听了你的想法之后,会适当地采纳你的想法,那我们就达到了进言的目的了。

金钥匙

在提出建议时,先认可领导的意见,站在领导的角度想问题,其实就是给予领导最大的面子。作为下属,应了解领导采用什么样的思考方法,进而再对自己的思路进行调整,以求在表面形式上与领导的想法接近。当你作出了这些改变后,领导也就更容易了解并采纳你的想法和意见了。

参考文献

[1]万兆阳.五分钟职场心理学[M].北京：清华大学出版社，2020.

[2]祁力.职场口才[M].北京：企业管理出版社，2012.

[3]陈伟.高效职场口才与技巧[M].北京：中国纺织出版社，2020.

[4]江龙.职场口才宝典[M].南昌：百花洲文艺出版社，2012.